王曙光 著

告别贫困

——中国农村金融创新与反贫困

中国发展出版社
CHINA DEVELOPMENT PRESS

图书在版编目（CIP）数据

告别贫困——中国农村金融创新与反贫困/王曙光著．
北京：中国发展出版社，2012.4
（中国农村金融调查与研究系列）
ISBN 978-7-80234-768-7

Ⅰ.①告… Ⅱ.①王… Ⅲ.①农村金融—研究—中国
Ⅳ.①F832.35

中国版本图书馆 CIP 数据核字（2012）第 053260 号

书　　　名：告别贫困——中国农村金融创新与反贫困
著作责任者：王曙光
出 版 发 行：中国发展出版社
　　　　　　（北京市西城区百万庄大街 16 号 8 层　100037）
标 准 书 号：ISBN 978-7-80234-768-7
经 销 者：各地新华书店
印 刷 者：北京明恒达印务有限公司
开 本：670mm×980mm　1/16
印 张：13.5
字 数：200 千字
版 次：2012 年 4 月第 1 版
印 次：2012 年 4 月第 1 次印刷
定 价：36.00 元

联 系 电 话：(010) 68990630　68990692
网 址：http://www.develpress.com.cn
电 子 邮 件：bianjibu16@vip.sohu.com

序言

告别贫困：中国百年的梦想与求索

主题——百年中国的核心命题是反贫困

刚刚过去的 2011 年是一个非常值得纪念的年份。2011 年是辛亥革命 100 周年，也是中国共产党成立 90 周年。从长期的视角来看，中国在近代百年来经历了非常痛苦和漫长的求索过程。可以说，100 年以来中国所作的事情，归结起来就是努力寻求从传统到现代的转型，努力成为一个民主富强的现代国家。如何由一个一穷二白的落后国，转变成为一个民富国强的先进国，这是一百年来摆在中国人民面前的核心命题。

中国经济思想史学科的奠基人之一赵靖先生晚年在总结近代中国经济思想的主线的时候，认为中国近代经济思想一以贯之的主题是"发展"，这与西方思想家们所开创的发展经济学思潮不谋而合、一脉相承，可以说，中国的思想家们为发展经济学这一学科做出了最原初的贡献。独立、自由、强国、富民、革命、开放，都是为中国的赶超式发展创造条件，而赶超式发展的最终目的，还是反贫困。

反贫困不仅仅是一个经济学命题，我们只有从政治学、社会学和经济学等多学科交叉的层面上理解反贫困，才能对贫困的机理有更深刻的感知，也才能进一步探索反贫困的深层制度条件。无论是运用金融手段、财政手段还是通过农民合作、提升基础设施等途径，都是从一个较为具体的形而下的层面来为反贫困提供机制基础，这些经济手段要起到作用，必须依赖一定的制度条件。如微型信贷机制的推行、乡村财政体制的变迁、农民的生产合作和金融合作等，这些微观领域的体制创新能否有效推进，其背后的基础是农村政治层面的创新，政治层面的农村民主机制的建立和乡村治理结构的革新，才能形成一种自由创造的社会氛围，从而微观层面的创新才得以实现。但是政治学意义上的创新仍旧是手段。反贫困在最终意义上必然引起社会学层面上的巨大变化，乡村社会形态和文化形态必然随之发生深刻的转型。此时传统意义上的乡土社会转型为现代意义上的农村社会，这个农村社会无论从物质形态还是文化形态、组织形态上来说都与传统社会大相径庭。当然，审视反贫困还有非常重要的生态学视角，即从环境保护和可持续发展的角度来实施反贫困。这种"经济学—政治学—社会学—生态学"多学科交叉意义上的综合性的反贫困思路，是未来中国反贫困的必由之路。

视野——反贫困视角的多元化与深化

在笔者2010～2011年对西北和西南边远少数民族地区进行农村金融田野调查的过程中，我和我的研究团队所面对的不仅仅是具体的农村金融创新机制和局部的地方经验的总结，而是要从更开阔的视野、更深层的角度来探寻贫困的根源和反贫困之道。我们在调查和研究中逐渐认识到，农村金融只是反贫困综合战略中的必不可少的一环，但并不是唯一重要的一环。在欠发达民族地区的反贫困战略中，农村金融的发展、民生建设的推进、政治生态的改善、乡村治理效率的提升、生态环境的可持续构建、社会文化的复兴等，都是非常重要的，而且在这些要素里，每一种要素的提升都会为其他要素发挥作用提供更好的条件和基础。有了这样的视野，农村金融就不再被视为独立的要素；作为一个研究者，就不能再局限于单纯的金融视角来研究农村的发展和反贫困，我们的思路需要进一步深化和多元化。

当然，本书并不打算以如此庞大的视角来展开对于反贫困的探讨，也不可能承担这样沉重的使命。本书仅以中国西北和西南边远民族地区的田野调查为基础，以反贫困为视角，对欠发达地区的农村金融发展和机制创新进行了较为深入的案例研究和理论探讨，但反贫困的理论体系的系统化和完善还有待于未来的继续深入的研究。本书在开篇基于对贫困性质与根源的深层思考，提出了贫困类型的新的划分方法，并提出了反贫困的系统性制度框架。以此为基础，本书的主题广泛涉及少数民族金融发展、城乡融合与制度创新、社区发展基金的反贫困机理、农信社改革顶层制度设计与地方创新、大型商业银行提供农村金融服务的机制转型，以及欠发达地区职工合作医疗保险制度构建问题。可以说，第一手的鲜活的田野调查资料、深入而系统的理论解析、多元化多学科的分析视角是本书的特色，希望这本书能够给农村金融业界、政府决策部门以及学术界提供有益的借鉴，提供另一种思考的角度。

展望——"因为一个民族已经起来"

写这篇序言的时候，不能不令人回想中国百年以来所走过的艰苦历程。1911年10月10日凌晨，彭楚藩、刘复基、杨洪胜就义。当我看到为武昌起义最先献身的这三个先烈的头颅照片的时候，那种悲惨而壮烈的场面令我肃然起敬。一个古老而年轻的国家，就是从这个断头台上，开始了艰苦而光荣的奠基。

100年以来，这个饱经沧桑的国家什么没有经历过？共和初创，袁氏称帝，护国运动，大革命，抗日战争，大规模内战，轰轰烈烈的社会主义革命与建设，政治运动与挫折，一直到改革开放，中国终于走上了一条康庄大道。

100年以来，各种思潮你方唱罢我登场。中国人经历了"向西方寻求真理"的漫长过程。从最早的魏源等人"睁眼看世界"，到清末的洋务运动、戊戌变法、立宪运动、三民主义，一直到引入俄国经验，从而开启了一个崭新的里程。这100年的思想转变，风雷激荡，泥沙俱下，中国人在困惑之中反省，在挫折之中醒悟，在痛苦之中比较，终于明白，中国应该走自己的道路，中国人最终不能照搬任何现成的西方模式。

无论是在制度层面上的革命或者改革，还是机制层面的探索和创新，这100年来中国人的努力从未停止过，当然也付出了极大的代价。在新中国成立之前的30年，即从五四运动到1949年间，持续的内战和对外抗战占据了大部分时间，中国以几千万人口死亡的代价，最终换来了民主共和国的诞生；新中国成立之后的30年，中国人民为社会主义体制的探索和经济赶超也付出了惨重的代价。又过了30年，站在21世纪第二个10年的门槛上，我们终于可以对中国走过的道路进行一番客观而清醒的反思，终于能够以一种比较自信的姿态总结自己的发展模式。

1868年10月，中国近代史上著名的西方传教士丁韪良曾在美国远东学会上做过一个著名的演讲，题目叫做"中国的文艺复兴"。在这个演讲中，他批驳了西方世界长期以来对于中国所形成的诸多"傲慢与偏见"，并站出来为中华民族进行辩护：

"从来也没有一个伟大的民族受到过更大的误解。中国人被指责为缺乏热情，因为我们没有一个足够透明的媒介可以把我们的思想传递给他们，或是把他们的想法传递给我们。中国人还被指责为野蛮透顶，因为我们缺乏广阔的胸襟，无法理解一个与我们截然不同的文明。中国人被描述成毫无独创性的模仿者，尽管他们所借用别人的东西要比任何其他民族都要少。中国人也被说成是缺乏创造力，尽管世界上一系列最有用的发明创造都是受惠于他们。中国人还被认为是死抱住传统观念不放的，尽管在他们的历史中曾经发生过许多次深刻的变革。"

1898年，当北京大学的前身京师大学堂成立时，丁韪良作为首任总教习，在开学之际，当着全体中外来宾的面，向中国的圣人孔子像鞠躬致意。当时这个举动惊动了西方人，丁韪良被一些基督教人士看作是叛徒。

　　100 多年过去了，中国复兴的梦想已经在一步步成为现实。

　　我想起诗人穆旦的著名的诗句："因为一个民族已经起来"。

　　是为序。

王曙光

2012 年 1 月 23 日壬辰年正月初一

于北京大学中关园

目录

第三章　把贫困送进博物馆
——民族地区反贫困的大理样本

第四章　城乡融合与制度创新

第五章　社区发展基金与金融反贫困

第六章　农信社改革顶层制度设计与地方创新

第七章　大型商业银行如何服务三农

第八章　草根金融的生存之道与政策护航

| 第一章 |

中国的贫困与反贫困

本章发表于《农村经济》2011 年第 3 期。

一、引言：新中国前 30 年和后 30 年的反贫困成就

　　新中国成立 60 年来，特别是改革开放以来的 30 多年中，中国的反贫困取得了举世瞩目的伟大成就。中国在 1949～1978 年的 30 年中，在农村基础设施建设、农村合作医疗体系和社会保障、农业技术推广体系、农村人口教育和培训体系等方面的显著成就成为发展中国家的样板，大幅度改善了农村地区的生产生活条件和人力资本状况，为中国农村地区的反贫困奠定了良好的制度基础，具有奠基性的意义（李玲，2009；林毅夫，2008；王曙光，2010）。改革开放之后的 30 年中，尤其是 1999 年提出"西部大开发"战略和 2005 年提出"建设社会主义新农村"以来，中国强劲的经济增长势头和逐步深入的农村市场化改革使反贫困步伐明显加快，在这 30 年中，反贫困被提高到国家战略的高度，反贫困战略实施的广度（人口和区域覆盖面）和深度（减贫绩效）也得到空前的拓展，为世界贫困人口的减少做出了决定性的贡献。按照官方贫困线和收入指标估计，中国的农村贫困人口从 1978 年的 2.5 亿下降到 2007 年的 1478 万，总共减少了 2.35 亿，年均下降 9.3%。贫困发生率从 1978 年的 30.7% 下降到 2007 年的 1.6%（汪三贵，2008）。按照世界银行的贫困标准（按2003 年农村价格计，平均每人每年 888 元人民币）计算，1981 年～2004 年，贫困人口所占的比例从 65% 下降到 10%，贫困人口的绝对数量从 6.52 亿降至 1.35 亿，5 亿多人摆脱了贫困，而全部发展中国家贫困人口的绝对数量从 15 亿减少到了 11 亿，没有中国的扶贫努力，在 20世纪的最后 20 年，发展中国家贫困人口数量不会有所减少。按照国际上

按平均每人每天 1.25 美元的新贫困标准（按中国 2005 年的购买力平价）计算，自 1981 年以来，中国贫困人口比例的下降幅度依然显著（从 1981 年的 85% 下降到 2004 年的 27%）（世界银行，2009）。中国的反贫困已经进入攻坚阶段，进入 21 世纪以来，中国贫困的发生形态与反贫困战略均发生了显著的变化，大规模减贫的时代已经结束，反贫困战略的总体思路和制度框架亟需调整。

本章试图从系统性制度设计的视角，基于贫困的性质与根源的深入分析，对中国的贫困重新作出类型划分，并在此基础上提出反贫困的系统性制度框架，结论部分提出了综合性反贫困战略的初步设想。

二、贫困的根源在哪里——贫困的类型与性质分析

对贫困的性质和类型的理论分析主要应该从贫困发生的根源入手，而不是从贫困所展现的表面现象出发。本文在以往贫困理论研究成果的基础上，将贫困的类型分为制度供给不足型贫困、区域发展障碍型贫困、可行能力不足型贫困（结构型贫困）、先天缺乏型贫困和族群型贫困。

1. 制度供给不足型贫困

这种贫困是由宏观经济制度、社会制度或政治制度供给不足而引致的贫困。在贫困发生率比较高的国家和地区，合理的教育和培训制度、医疗卫生制度、收入分配制度、金融与信贷制度、公共财政制度、社会保障制度、土地制度以及与之相匹配的法律体系的缺失，是导致贫困的基础性原因。中国改革开放以来的贫困问题，在很大程度上表现为制度供给不足，如农业集体化解体之后农村合作医疗体系和农村养老社会保障体系的崩溃，导致农村因病致贫现象和养老问题非常严重（王曙光，2008）；国家对农村基础设施建设和其他公共品的投入明显不足，农村

居民税费负担比较沉重，收入分配体系的不完善导致城乡收入差距增大，最近几年中国反贫困步伐的减缓也与收入分配制度及公共财政制度密切相关（胡鞍钢等，2006；汪三贵，2008）。在金融和信贷制度方面，由于农村金融体系建设的严重滞后，农村资金净流出所导致的农村系统性负投资现象非常严重，农民贷款难直接导致可支配收入的降低和贫困的发生（王曙光，2006，2009）。在所有贫困发生的根源中，制度供给不足是最值得重视的，因为在制度供给不足的情况下，贫困人口的权利被制度性地忽视乃至剥夺，使他们被排斥在制度之外，丧失自由选择的能力和权利，从而导致贫困人群可行能力的缺乏和贫困发生率的整体提升。从本质上来说，制度排斥与权利剥夺是造成贫困的最核心的原因之一（Sen，1999）。制度供给不足型贫困是一种整体性贫困，许多局部的贫困均与制度供给不足相关。

2. 区域发展障碍型贫困

这是由一些具有区域特点的发展障碍因素而引致的贫困，如某些地区由于交通、通讯、市场设施不完善而引发的贫困，或者由于当地恶劣的自然生态环境与不适宜人类生存的气候所引发的贫困。在中国大面积的西部地区，包括西藏、云南、贵州、甘肃、云南等地的沙漠化、石漠化、高寒、多山和缺水地区，贫困的发生率极高。如甘肃的定西地区、河西地区和宁夏的西海固等历来被称为最贫困的"三西"地区，由于自然条件恶劣而导致整个区域发生普遍性的贫困。自然环境与生态方面的致贫原因有些是可以被局部改善的，如大规模的生态恢复和自然环境保护政策可使当地居民生存条件迅速改善，而交通、通讯和市场设施的不足更容易改善。在中国现阶段的贫困中，区域发展障碍型贫困是最主要的贫困类型。

3. 可行能力不足型贫困（结构型贫困）

这种贫困是由贫困者个体的可行能力不足造成的贫困，其原因均表现为贫困者个体的某种能力的缺陷，而不是先天的身体或智力的缺陷。可行能力不足的最终根源有可能与制度设计和制度安排有关，但是大部分可行能力不足的原因却是个体性的，如由于受教育程度低而引致的人力资源不足，这是导致贫困的最重要的原因之一（Schultz，1965）。再如，由于农民的自组织能力不足，导致农民在市场竞争中难以获得较好的谈判地位，从而使得农民生产的规模收益和抗风险能力下降（王曙光，2009）。对于这些可行能力不足型贫困人群，针对性地提升其可行能力是促使其脱贫的关键。现在，学术界对于可行能力的理解逐步深化，段世江、石春玲（2005）根据国际社会对贫困的认识及中国反贫困的实践，认为在现代社会，应对能力进行更加广泛和深刻的理解，能力包括基本生产能力、获取知识能力、参与决策能力、合理利用资源能力等诸多方面，这些能力最终都要体现在"自我发展能力"。

4. 先天缺乏型贫困

这类贫困是由贫困者个体在智力或体力上的先天缺陷导致的生产能力完全或部分缺失而引发的贫困。先天缺乏型贫困的原因一般是不可消除或不可逆转的，如先天的盲人、肢体残缺或精神病患者，其身体或精神上的残缺在现有的医疗条件下是不可能被修复的，这些人群的贫困也很难通过提升其可行能力来解决，因此一般意义上的提升人力资源或者进行微型信贷扶持等方法，对于先天缺乏型贫困人群的扶贫效果微乎其微。

5. 族群型贫困

这种贫困是在某些少数民族社区（尤其是边疆民族地区），由于整个族群在生产方式、文化、宗教信仰、习俗、生活方式等方面的历史原因而造成的贫困，在中国很多边远地区这类贫困大量存在，容易引发宗教和族群之间的冲突，从而变得复杂而难以处理。族群型贫困部分原因与区域发展障碍型贫困、可行能力不足型贫困重合，但是其最鲜明的特征在于其民族特有的生活方式或文化习俗。这类贫困的特点是，其发生区域多集中于边境地区。据统计，新时期内陆边境国家级贫困县有 40 个，较"八七"扶贫攻坚时期增加 9 个，占全部内陆边境县的 29.9%。云南省 25 个边境城市中有 17 个属于国家级贫困县，2003 年总人口为 586.48 万人，少数民族人口 374.44 万人，占总人口数的 59%，与邻国的边境线长 4 060 公里（赖景生，2008）。全省少数民族贫困人口绝大部分属于绝对贫困人口，大部分居住在云南省与缅甸、老挝、越南接壤的边境地区，有 5 个少数民族跨境而居，社会发育程度低，经济发展十分落后，群众生活十分困难。这类贫困也多发于少数民族聚居区，即使这些区域不属于边境。少数民族人口的贫困问题突出，在 8000 多万农村贫困人口中，少数民族人口占了不恰当的比例，绝大部分贫困地区是少数民族居住的地区（王萍萍，闫芳，2010）。赖景生（2008）认为贫困问题很大程度上是少数民族的贫困问题，1994 年我国少数民族的贫困发生率高达 20.1%，少数民族占总人口的比重不足 10%，但却占绝对贫困人口的 40%～50%。全国 592 个国家级贫困县中，有 257 个是少数民族自治县。族群型贫困已经成为影响中国和谐社会建设和民族发展繁荣的重要障碍之一，必须提高到国家战略和民族和谐的角度去认识。

三、如何反贫困——减贫类型、战略选择与实施主体

中国政府的反贫困有以下几个阶段：①1986 年之前主要是通过制度变革来扶贫，1978 年的农村联产承包责任制改革极大地促进了经济的发展。②1986～1993 年期间：设立专门的扶贫机构，政府支出专项资金用于扶贫，划分重点扶持贫困县，通过区域瞄准来确定扶贫对象，确立开发式扶贫，主要有三种投资计划：一是贴息贷款计划，就是通过信贷资金来帮助贫困地区的发展和脱贫；二是以工代赈的计划；三是财政发展资金。③1994～2000 年实施《"八七"扶贫攻坚计划》时期，贫困地区的基础设施成为这一时期扶贫资源的主要投入。这个时期提出用 7 年时间解决 8000 万人口的基本温饱问题，把贫困县调整为 592 个，把扶贫的重点转移到西部。

④2001～2010年《中国农村扶贫开发纲要（2001－2010年）》时期。扶贫工作的重点从县转移到村，主要措施包括"整村推进"、劳动力转移培训、农业产业化开发。经过近30年的大规模扶贫试验，中国逐步总结了一套适合于各类贫困的综合性扶贫开发经验模式，最近几年来又特别注重在区域性扶贫模式中融入个体性扶贫模式，注重动员社会力量参与扶贫，注重在扶贫开发中激活市场机制的作用。

针对上文提出的五种贫困类型，我们可以把反贫困战略分成以下五种类型，这五种类型的反贫困有时可以互相交叉，其实施主体和实施对象都所有区别。

1. 制度变革型扶贫

针对制度供给不足型贫困，要运用制度变革型扶贫模式来应对，即对现有制度进行系统性改革与创新，为贫困群体的脱贫创造基础上的制度条件。制度变革型扶贫的实施主体当然是政府，包括中央政府和地方政府，都有可能是制度变革和创新的主导者。改革开放以来，通过系统性制度变革来进行有效扶贫是中国反贫困的一个基本特征，制度变革型扶贫的特征是整体性强，对所有贫困群体都有覆盖，是一种普惠型的扶贫模式。近年来，通过教育制度改革和教育资源向农村贫困地区倾斜、新型农村合作合作医疗制度改革、农村金融制度创新和新型农村金融机构建设、农村新型养老保险和社会保障制度建设、公共财政向农村贫困地区的转移支付制度等等，为农村地区的大面积扶贫提供了有力的制度支撑。几乎所有学者都承认，在中国的扶贫中，来自于制度变革的力量是最重要的，尤其在改革开放初期，由家庭联产承包责任制所激发的生产力的迅猛迸发使中国的贫困人口快速下降，其减贫效果也最佳。按国内标准计量的贫困人口由1978年的2.5亿减少到1984年的1.28亿，在6年内减少了将近50%；按国际标准计量的贫困人口由1981年的6.34亿减少到1987年的3.08亿，在6年内减少了一半以上。之后，贫困人口和贫困发生率都进入下降速度相对平稳的阶段。由此看出，农业家庭联产承包责任制的普遍推行，为消除农村贫困做出了巨大贡献（李周，2007）。1984年这项改革完成之后，由于没有后继的制度变革和技术创新的支持，农业和农民收入增速减缓，贫困发生率的下降也明显减慢。在现阶段，中国仍必须大力进行制度变革，以此来推动大规模扶贫，为中国消除2900万人的绝对贫困而创造制度基础。

2. 基础性扶贫（或大推进型扶贫）和生态恢复型扶贫

对于区域发展障碍型贫困，其扶贫的核心使命是大规模改善基础设施条件（包括交通、通信、市场基础设施等硬件）和生态环境条件。一般而言，针对区域发展障碍型贫困，大推进战略是基本适用的，如果没有政府的大规模的投资，仅仅依靠贫困群体的个体力量，是很难改变基础设施不足或生态恶劣的状况的，从而这些贫困群体将终生陷入贫困陷阱而不能自拔，产生贫困的恶性循环。Nelson（1956）提出了"低水平均衡陷阱理论"，该理论认为只要人均收入保持在临界水平以下，超过收入增长率的人口增长率会使经济拉回到"低水平均衡陷阱"中不能自拔，因此必须进行大规模的资本投资，使投资和产出的增长超过人口增长，才能冲出"陷阱"，实现人均收入的大幅度提高和经济增长。这一理论的核心是强调资本稀缺对经济增长的障碍，说明资本形成的重要性。贫困人口陷入"低水平均衡陷阱"的原因很大程度上来自于基础设施不足以及恶劣的自然条件所带来的发展瓶颈，要摆脱这种"低水平均衡陷阱"，必须使用大推动型的扶贫战略，在很短的时间中迅速改善基础设施条件和生态环境条件，为此政府必须在短时间内进行大规模的投资，这与罗斯托的理论非常吻合（罗斯托，1962）。学术界关于基础设施投资对农户收支的影响的计量研究表明，有基础设施投资的村庄，贫困农户的户均生活消费支出增长了26%，而没有基础设施投资的村庄，贫困农户的户均生活消费支出仅仅增长5%，基础设施投资的扶贫效果极为显著（李周，2007）。生态环境说到底也是一种基础设施，其改善必须依靠大规模的投资，这也包括迁移型扶贫在内。对于那些不适宜人类居住的地区，贫困人口的整体迁移和异地安置不仅有利于生态恢复，而且可以使贫困人口脱离"低水平均衡陷阱"从而实现整体脱贫，避免贫困的代际复制。

3. 能力增进型扶贫（或结构型扶贫、造血型扶贫）

这类扶贫模式的核心在于提高贫困人群的可行能力，尤其是人力资本投资。近年来针对农村贫困人群的融资能力不足问题，商业类小额信贷机构和非营利组织大力推广无抵押无担保的微型信贷产品，使贫困人群能够通过信贷增强自我扶贫的能力，孟加拉乡村银行等金融机构的行动表明，这种微型信贷不仅可以使贫困人口脱贫，也可以同时使金融机构具有财务可持续性（王曙光，2007）。小额信贷对农户微观个体获得信贷资金机会、家庭财产增加、就业机会增加、减少风险、妇女授权等方面具有积极的作用，小额信贷对中国的扶贫发展政策有重要影响，成为中国扶贫到户方式、金融政策、发展援助政策的重要内容，并为中国农村组织的发育成长提供了一条实现途径（吴国宝，2001）。再如，针对农民自组织能力不足的问题，政府和其他非营利组织应该加强对农民的合作社教育，增强农民对于合作社的认识和理解，使他们可以联合起来组建大规模的农民合作经济组织，从而提高自己的市场谈判能力和抗风险能力，近年来农民合作经济组织的迅猛发展对反贫困的意义极为重大（王曙光，2010）。与前两种扶贫模式不同，能力增进型扶贫（或结构型扶贫、造血型扶贫）一般倾向于针对贫困者个体进行扶持，而不是针对群体或区域，其实施主体既可以是政府，也可以是非政府组织或市场。

4. 救济型扶贫（或输血式扶贫）

对于那些先天缺乏型的贫困群体，造血式扶贫（如小额信贷、人力资本投资）的作用是非常有限的（仅对部分还没有完全丧失生产能力的人群有作用），而只能适用于输血式扶贫，运用公共财政力量或社会公益力量对先天缺乏型贫困群体进行社会救助，民政部门和非营利组织在其中扮演最重要的角色。随着我国社会保障体系和社会救助体系的逐步完全，先天缺乏型贫困的比例将大为下降。

5. 族群系统型扶贫

族群型贫困的成因非常复杂，因此其应对策略应该是系统型的扶贫模

告别贫困——中国农村金融创新与反贫困

式。对于那些生活方式和文化比较落后、生产方式原始的少数民族地区，系统性的文化建设、植入现代生活方式和生活理念、改进生产方式（尤其是摒弃那些对于自然生态环境有破坏性的生产方式）等措施，对于民族地区反贫困极为重要；对于那些生态环境极为恶劣的地区，应该进行系统性的环境保护政策、整体迁移和异地安置政策等；对于那些基础设施极为落后的少数民族社区，应采取大推进型扶贫战略，大规模改善其基础设施。族群系统性扶贫是个体型扶贫与普惠型扶贫的结合，应因地制宜整合各种扶贫模式。

表1.1 将五种贫困类型、五种反贫困类型及其实施主体和对象综合如下。

表1.1　　　　　　　　　　贫困和反贫困类型

贫困类型	致贫根源		反贫困类型	反贫困具体战略	扶贫对象	扶贫主体
制度供给不足型贫困	由宏观经济制度、社会制度、或政治制度供给不足而引致的贫困	合理的教育制度、医疗卫生制度、收入分配制度、金融制度、公共财政制度、社会保障制度、土地制度与法律体系的缺失	制度变革型扶贫（对现有制度进行系统性改革与创新）	教育制度改革、医疗卫生制度改革、收入分配制度改革、金融制度改革、公共财政制度改革、社会保障制度改革、土地制度改革并完善相关法律体系	普惠型扶贫（普遍惠及社区内的所有贫困群体）	制度变革和创新大部分由中央政府或地方政府提供，基础设施建设和生态环境建设可以部分引入市场机制和非政府组织介入
区域发展障碍型贫困	具有区域特点的发展障碍因素而引致的贫困	交通、通讯、市场设施的缺乏而引致的贫困	基础性扶贫（或大推进型扶贫，大规模改善基础设施）	改善交通条件　改善通讯与信息技术　市场基础设施建设		
		恶劣的生态环境与气候而引致的贫困	迁移型或生态恢复型扶贫	社区整体搬迁和异地安置　生态环境建设		

10

续表

贫困类型	致贫根源		反贫困类型	反贫困具体战略	扶贫对象	扶贫主体
可行能力不足型贫困（结构型贫困）	由贫困者个体的可行能力不足造成的贫困	融资能力不足 人力资源不足 自组织能力不足	能力增进型扶贫（或结构型扶贫、造血型扶贫）	着重增进贫困人群个体的可行能力（包括针对贫困者的微型信贷、教育培训、自组织能力培育）	个体型扶贫（针对社区内的贫困者个体而进行的扶贫）	由政府或市场机制以及非政府组织来完成
先天缺乏型贫困	由贫困者个体在智力或体力上的先天缺陷导致的生产能力完全或部分缺失而引发的贫困		救济型扶贫（或输血式扶贫）	运用公共财政或社会慈善力量，对先天缺乏型贫困个体进行社会救助		由政府和非政府组织来完成
族群型贫困	在某些民族社区（尤其是边疆民族地区），由于整个族群在生产方式、文化、宗教信仰、习俗、生活方式等方面的历史原因而造成的贫困，部分原因与区域发展障碍型贫困、可行能力不足型贫困重合		族群系统型扶贫	族群的文化建设、文化再利用和现代理念植入 改善族群的对外信息沟通条件和交通条件 生活方式和生产方式的改进 改善民族社区的基础设施、生态环境等	个体型扶贫与普惠型扶贫的结合，运用综合化的扶贫策略	由政府、非政府组织和市场机制来完成

四、结论：族群型贫困与综合性反贫困模式的运用

本章将中国的贫困分为制度供给不足型贫困、区域发展障碍型贫困、可行能力不足型贫困（结构型贫困）、先天缺乏型贫困和族群型贫困，这种划分基本概括了中国几乎所有种类的贫困类型。但是在现实中，所有这些类型的贫困往往交织在一起，在一个区域中，贫困人群的致贫根源往往是综合性的。中国的反贫困战略大致也划分为制度变革型扶贫、基础性扶贫（或大推进型扶贫）、迁移型（或生态恢复型扶贫）、能力增进型扶贫（或结构型扶贫、造血型扶贫）、救济型扶贫（或输血式扶贫）和族群系统型扶贫，但是在反贫困实践中，各类措施往往齐头并进形成合力。在中国当前的贫困问题中，民族地区贫困已经成为尤其尖锐的问题，区域性的族群贫困是未来影响地区经济发展和社会稳定的重要因素。解决区域性的族群型贫困需要综合性的系统思路，需要扶贫主体的多元化和扶贫模式的多元化。在很多民族地区比较成功的扶贫实践中，往往将救济式扶贫、以金融扶贫为主的能力增进式扶贫，以及以整村推进战略和异地迁移战略为主的普惠型大推进式扶贫等扶贫模式搭配使用。这些模式的综合使用，不仅可以使一个民族区域大面积地为整体脱贫奠定良好的基础，而且可以在很大程度上提高扶贫工作的瞄准程度与扶贫效率。在这些与民族地区反贫困有关的行动中，政府的角色是非常显著的，但这并不能排斥民间非营利组织和市场组织的重要性，尤其在能力增进型扶贫中，非营利组织和市场都扮演了重要角色，如在社区发展基金和商业性信贷中，非营利组织和市场化机构起到关键的作用。这些机构通过创新性的机制设计激发了潜藏在贫困人群中的内在创造力和自组织能力，从而把贫困人口自己也纳入到反贫困主体当中来，这是支撑当今扶贫工作的重要理念之一。

|第二章|

民族金融与反贫困

——基于西北少数民族地区农村金融发展的调查分析

本章由王曙光与王东宾合作完成，发表于《中国社会科学》（内部文稿）2010 年第 5 期。

2010 年 7 月 5 日至 6 日，正值西部大开发 10 周年之际，西部大开发工作会议在北京举行，胡锦涛同志在讲话中指出："没有西部地区的稳定就没有全国的稳定，没有西部地区的小康就没有全国的小康，没有西部地区的现代化就不能说实现了全国的现代化。逐步缩小地区发展差距，实现全国经济社会协调发展，最终实现全体人民共同富裕，是社会主义的本质要求，也是关系我国发展全局的重大问题。"西北地区民族众多，经济、社会、民族、宗教状况错综复杂，西北民族地区的经济发展事关我国区域平衡发展与民族和谐大局，必须加以重视。北京大学农村金融调研组近年来对甘肃、青海、新疆、宁夏等西北民族地区农村金融发展状况进行持续的调查研究，本章将基于北京大学农村金融田野考察所获得的案例与数据分析西北民族地区农村金融发展滞后的表现和原因，总结某些西北民族地区在农村金融发展中的机制创新经验，并提出综合性的农村金融发展政策框架。

一、西北民族地区整体经济与农村金融发展滞后

少数民族地区的发展是关系到中国经济可持续发展和社会长治久安的重要问题。近年来，中央提出"西部大开发"战略与"新农村建设"构想，使西北民族地区发展面临前所未有的大好机遇。西北地区近年来经济发展迅猛，但是在经济发展水平方面与中东部相比仍有较大差距。以居民可支配收入为例，西北诸省尚处于全国最低水平，这使我国收入分配格局

呈现严重不均衡局面。2009 年上海城镇人均可支配收入最高，达到 28838 元，而最低者甘肃省仅有 11929 元，上海是甘肃的 2.42 倍；农村人均可支配收入最高的地区仍是上海，达到 12324 元，而最低者甘肃仅有 2980 元，上海是甘肃的 4.14 倍（图 2.1）。从 2009 年各省市经济增长速度来看，宁夏、青海、甘肃、新疆也处于全国较低水平，这说明这些地区总体发展速度比较缓慢，这与其他地区突飞猛进的发展态势形成反差（图 2.2）。

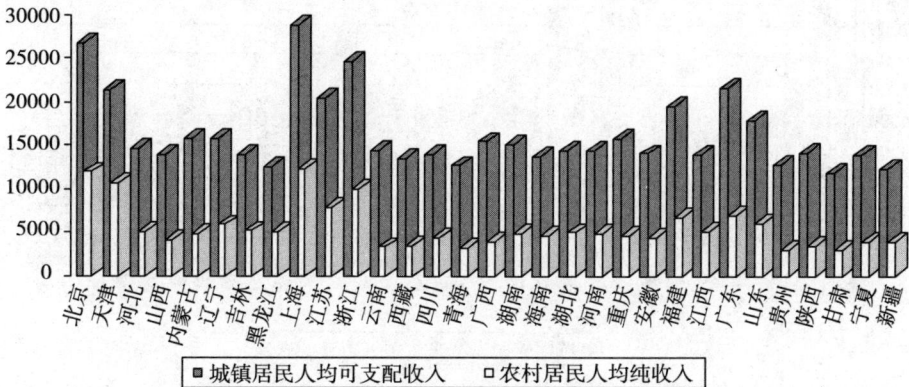

图 2.1　2009 年各省市城乡居民收入概况（单位：元）

资料来源：全国各省、市、自治区《2009 年国民经济和社会发展统计公报》。

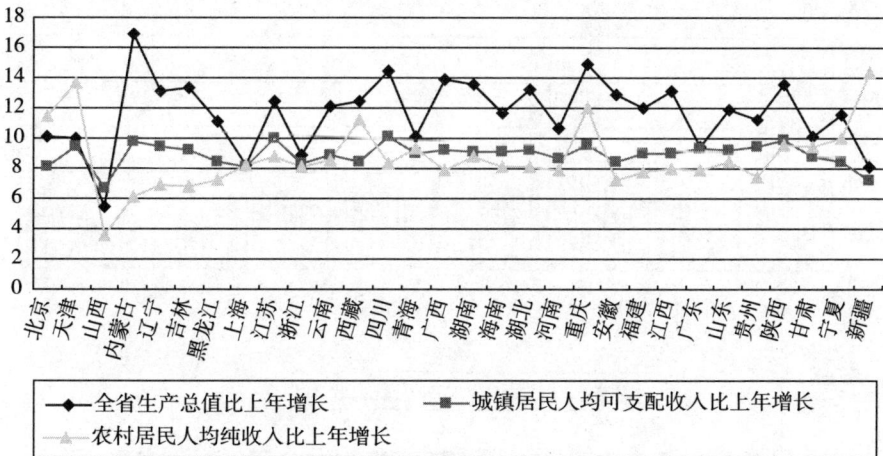

图 2.2　2009 年各省市经济增速及居民收入增速对比（%）

资料来源：全国各省、市、自治区《2009 年国民经济和社会发展统计公报》。

　　根据最新统计数据，2010 年第一季度农村居民家庭人均收入各地差距悬殊，上海为最高，达到 5671 元，而西北诸省区（陕、甘、青、宁、新）均在 1000 元左右，其中甘肃不足 1000 元（图 2.4）；城市人均收入也是上海最高，达到 8935 元；甘肃、青海两者最低，均不足 3400 元，宁夏和新疆也处于全国最低者之列（图 2.3，2.4）。

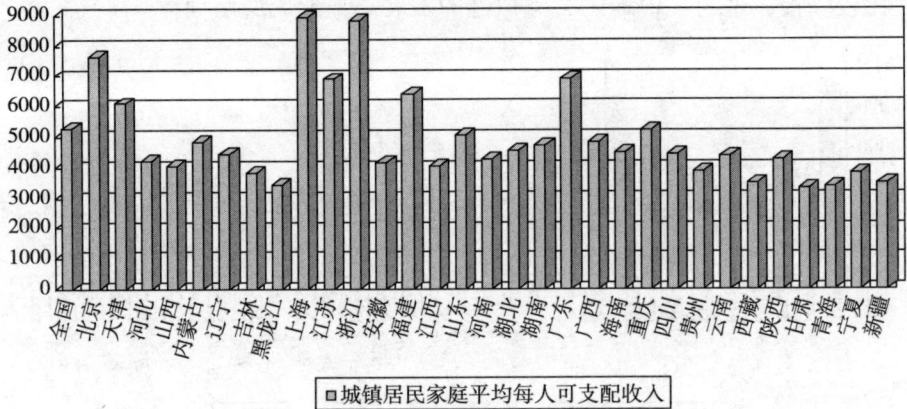

图 2.3　2010 年 1 季度各省（市）城镇居民家庭平均每人可支配收入（单位：元）

资料来源：国家统计局网站 http：//www. stats. gov. cn/公布的季度数据。

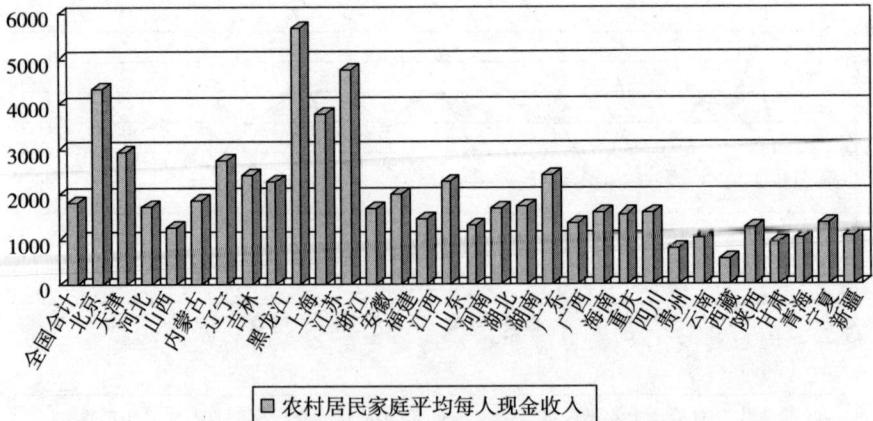

图 2.4　2010 年 1 季度各省（市）农村居民家庭平均每人现金收入（单位：元）

资料来源：国家统计局网站 http：//www. stats. gov. cn/公布的季度数据。

西北地区的贫困状况不容忽视。西北贫困的原因有很多，其中生态环境、教育水平、历史发展水平、基础设施水平等因素都值得关注。但是，西北地区金融发展滞后是学术界与决策层普遍忽视的问题，特别是西北民族地区，金融发展尤其落后，民族地区农牧民的信贷需求和其他金融服务需求长期得不到有效满足。北京大学农村金融调研团队近年来极其关注西北民族地区农村金融发展问题，对青海、新疆、甘肃、宁夏的农村金融发展滞后状况印象深刻，概括来说，其表现主要有以下几点。

第一，西北地区农村金融空白乡镇大量存在。2008 年中国人民银行公布了全国农村金融服务空白乡镇状况，其中，西北地区的农村金融真空比较严重，青海、新疆、陕西等省的农村金融服务空白乡镇数目居全国前列，如新疆有金融服务空白乡镇 222 个，青海有 153 个，陕西有 147 个。

而西北地区这些金融服务空白乡镇大部分存在于民族地区。如新疆地区，银监会 2007 年撤销了哈密市四家信用社，分别是哈密市农村信用合作社联合社（含 17 家分社）、哈密市城郊农村信用合作社、哈密市西山乡开发区农村信用合作社、哈密市大泉湾乡农村信用合作社及其所辖疙瘩井分社。这些信用社的撤销使当地出现大量农村金融服务空白。再如宁夏，近年来农村金融机构不断萎缩和农村金融服务总体缺位状况非常严重，农村金融服务供求反差强烈。以宁夏同心县为例，同心县农村信用联社共有 12 个网点，其中城里有 7 个，乡下只有 5 个，1 个信用社服务三个乡镇，而这几个乡镇的地理跨度都非常大；西吉县有六个乡镇没有一家金融机构；中宁县、盐池县、固原县、吴忠市也存在大量金融服务空白区。

第二，正规农村金融机构服务能力不足和覆盖面低，导致西北民族地区农村非正规金融活动比较活跃，民间借贷普遍存在。如北京大学调研组 2010 年 7 月在甘肃临夏回族自治州调研发现，这里的回族、东乡族、藏族群众中普遍存在着亲友借贷和地下借贷问题，有些规模还相当可观。甘肃广河县三甲集乡宗家村毛兴林家每年向亲友借贷 50000 元用于商贸活动，而当地农信社每年只能发放给他 2000～5000 元贷款，可谓杯水车薪。当地很多村民从来没有向农村信用社贷过款，仅仅依赖亲友借贷和其他地下信贷形式，而少数几个贷款户所贷数额都是在 1000 元以下，如庄禾集镇对康村马永昌家，每年只能从信用社借到 900 元购买化肥种子。在宁夏很多地方，有组织的民间借贷也很普遍，据调查，盐池县民间借贷资金大部分（约占 90%）用于生产经营，民间借贷总量在 8000 万元左右。

第三，农村金融机构绩效差，财务可持续性差。西北民族地区现有农村金融机构服务能力普遍不足，农村金融机构从业人员素质亟待提高，从而出现了"农村金融机构服务能力不足——农村信贷质量差——农村金融机构不良贷款增多，坏账包袱重——农村金融机构大量撤并低效率农村网点——农村金融服务能力不足"的恶性循环。

第四，农村金融改革相对滞后。在西北民族地区，农村金融存量改革与增量改革都落后于全国水平。在存量方面，西北地区农村信用社的产权改革与治理结构改革比较滞后，改制而成为农村合作银行和农村商业银行的数量极少，大部分农村信用社的产权结构与经营体制没有明显改观。在增量方面，西北民族地区的新型农村金融机构也相当少。村镇银行、小额贷款公司比较少见，农民资金互助在很多地区几乎不存在。在目前银监会批准的农民资金互助组织中，西北地区只有青海一家。在我们 2010 年夏访问甘肃临夏回族自治州时，几乎所有被访农户对农民资金互助组织都一无所知。

二、西北民族地区农村金融发展中的机制创新

尽管西北民族地区农村金融发展严重滞后，但是北京大学农村金融调研组还是发现了很多农村金融创新案例，值得其他民族地区借鉴。

1. 在农村金融的存量改革方面，宁夏模式值得重视

2007 年 11 月，宁夏回族自治区成立了宁夏黄河合作银行组建领导小组。领导小组将主要工作放在针对原有农信社经营机制的彻底改造上，即

督促农信社彻底改革产权制度，吸引民间资本，促使农信社产权结构多样化和清晰化；完善农信社的法人治理结构，使股东大会、董事会、监事会、理事会各司其职；强化风险防范，完善内控机制，保证资产质量，严格压缩不良贷款规模。针对农信社由于政府干预过多而引起的不良资产比例过高的情况，黄河银行组建工作领导小组掀起对全区805户拖欠贷款者的"清欠风暴"，彻底解决党政机关、事业单位、乡村组织及其工作人员拖欠农信社贷款问题。2008年12月18日中国银监会正式批复黄河银行开业。黄河银行的组建以产权结构多样化和清晰化为核心，以健全内部治理结构为重点，以清收不良贷款和完善信用机制为突破口，在全国农信社改革中具有样板意义。

2. 在增量改革方面，西北民族地区某些省份也有很多创新思路

为了增加农村信贷，提高农村金融覆盖面，清除农村金融空白，新疆地区积极引进外省资本，实现了资本的跨区域整合，同时也激活了当地的金融资本。在筹建新疆第一家村镇银行——五家渠国民村镇银行的过程中，筹建者与新疆区内外多家银行类法人机构进行沟通，最终选择了宁波鄞州农村合作银行。东部银行类金融机构在西部投资发起村镇银行，是东西部的"双赢"之举。在村镇银行的带动下，2009年新疆当地农行和农信社也开始加大对农户的信贷力度，这不能不说是一个可喜现象。新疆的农村金融改革的创新意义在于它打破了传统农村金融制度困境、重构新疆农村金融体系、以产权结构的多样性和市场竞争结构的多元化思路来整合新疆农村金融机构，以便为新疆农村经济发展提供助力。

3. 积极发展内生性的农民资金互助组织，充分动员当地农民的资金，并培养农民的互助合作精神，使更多农村资金能够留在农村而不是流往城市

青海西宁地区的自然条件相对较好，农业产业尤其是蔬菜产业发展较

快，农民合作组织也比较发达，农户收入水平也相对较高。由于西宁的高附加值农业投资较大，农户资金需求很大。早在 2007 年，我国农村金融新政刚刚破茧而出，青海省就率先成立兴乐农村资金互助社，这是全国第一家设在乡镇的农民资金互助社。兴乐农民资金互助社位于西宁市乐都县雨润镇，互助社股金已经达到 40.77 万元，社员 112 个，存款余额达 124.79 万元，贷款余额为 112 万元，累计贷款约 139 万元，贷款累计户数为 89 户，对解决当地农民信贷难问题起到很大作用。青海农民资金互助社发展如此迅猛的原因在于青海模式中农民的信用合作（资金互助）与专业合作结合度很高，农村金融与产业发展得以匹配起来。这种结合产生了很好的效果。第一，资金互助社为合作社成员提供了大量的借贷支持。小到帮助农民购买化肥、农药等，大到提供十几万贷款用于大蒜收购和储存，资金互助社都为合作社成员提供了便利的服务。第二，专业合作社为防范信用风险提供了保障，成员之间彼此了解，具有信息优势。同时，合作社成员的产品主要是通过合作社统一销售的，很多农业物资也是统一购买的，这使得合作社实际上成为一个共同体，是限制成员违约的强有力的机制。第三，资金互助社与专业合作社的合作，使得资金互助社在农民中迅速得到信任，农民敢于存款，敢于利用互助社作为结算平台。这对互助社的长远发展而言是至关重要的。总之，专业合作与信用合作的结合，使得农业产业的发展与农村金融的扩张产生了正强化效应，二者在实践中互为补充，协同发展。

4. 政府鼓励金融创新，结合当地实践，建立新的农村金融机构，以满足西北地区农民多方面的经济和金融需求

如宁夏回族自治区银川市掌政镇农村资金物流调剂中心就是一个典型案例，它成立的基础是 200 户农民的资金互助，但其中又吸收了几个民营企业的股份，且提供物流信息服务。所以掌政镇农村资金物流调剂中心是一个非常特殊的小额金融机构。它是以农民资金互助合作为基础，以社会民间资本为主导，以市场化运作机制为保障，以扶贫性金融为手段，将农民信用合作、商业性小额贷款、农资物流调剂三者密切结合而构建的一个三位一体的商业化可持续的微型信贷机构。宁夏自治区能够扶持这些创新型的农村金融机构发展，并提供资金、政策、税收等多方面的支持，其开明姿态值得肯定。在甘肃定西地区，政府鼓励担保机构的创新，并为金融机构与担保机构的合作提供牛股各种税收、财政等政策支持。甘肃定西还为非政府组织小额信贷机构的发展与转型提供支持，促使致力于扶贫性小额信贷的非政府组织"定西农村可持续发展协会"转型为"定西民富鑫荣小额贷款服务中心"，这对满足农村最贫困群体的微型金融需求有重要意义。

5. 在农村金融发展和改革中注重系统性的机制建设

宁夏自治区政府在支持新型农村金融发展过程中，注重通过系统性的机制建设，降低新型农村金融机构的运行风险，增强新型农村金融机构的资金实力，为它们提供一个良好的金融运行外部环境。首先是通过宁夏自治区金融办的协调，整合区域内的担保机构，组建宁夏担保集团，为农村中小企业贷款提供担保，不仅解决了中小企业贷款难的问题，降低了小额贷款机构和银行的风险，也使区域内的金融资源得以有效整合。其次是建立大型商业银行与新型农村金融机构（尤其是小额贷款机构）之间的资金对接机制。2008 年 12 月，经过自治区金融办和交通银行银川分行的充分协商，提出了由交通银行向小额贷款公司进行批发贷款、小额贷款公司对全民创业者进行贷款支持、政府运用财政资金对贷款利息进行适当补贴的新思路，交通银行银川分行向宁夏 8 家小额贷款机构进行批发贷款 3000 万元。再次，针对农村信贷受农业风险影响较大的问题，宁夏积极建立农业政策性保险机制，为农村金融机构化解信贷风险提供了机制保障。最后，宁夏自治区政府针对区域内信用体系缺失的弊端，积极完善信用体系，建立农户和中小企业的信用档案，打造和谐的金融生态环境。

三、民族金融、民生建设与生态建设：
反贫困的系统工程

"三农"问题是一个系统性问题，包含了农村合作医疗、社会保障、社会救助、生态建设、民生建设等方面的全面推进，农村金融只是其中的一个组成部分。因此，从更广泛的意义上来说，农村金融服务既是一个经济发展问题，也是一个民生问题，需要一个综合性的框架加以统筹解决。

1. 农村社会保障等民生政策有利于为农民提供最基本的社会安全网，也为民族金融发展提供了良好的基础

伴随着新农村建设的展开，我国农村社会事业也逐步完善起来，社会政策与民生工程提供了农民防御各种风险的基本能力。我国新世纪初开始进行的新型农村合作医疗，时至今日，基本已经达到了百分之百的覆盖率，并且赔付比例和保险范围也正在逐步提高和扩大中。当然，大病致贫的情况还是难以避免的，如上文提到的甘肃广河县三甲集乡宗家村毛兴林本来家庭经济状况很好，但前两年因患重病而导致家庭落入贫困。但在普遍意义上，农民的医疗水平已经有了很大幅度的提高。当下，正在全面推进的农村居民养老保险，也力图应对农村日益严重的农民养老问题。此外，还有农村的社会保障和社会救助体系，西部农村同样正在完善之中。这些政策组合逐步为农民提供基本的社会安全网，实际上对于农村的经济发展和社会稳定提供了重要支撑，具有非常重大的意义。

社会事业的发展不仅仅有利于社会稳定团结和人民的生活，同时对经济增长也会产生积极的促进作用，将整体提高农村社会应对风险的能力。2008 年世界银行报告《以农业促发展》重点提出农村居民的社会安全网对于农业产业的保障作用，农村金融机构在实践中同样也面临这个问题。以

农村保险和农业保险为例，根据北京大学农村金融调研组的调查，很多新型农村机构和组织如村镇银行、小额贷款公司、农民资金互助组织等在考察贷款农户的基本情况时，除了考察贷款用途和所属产业的风险状况外，对于该产业的保险状况以及农民是否参保同样非常敏感。如在宁夏银川掌政农村资金物流调剂中心调研时就发现，他们对于贷款户的合作医疗保险、养老保险、人身保险以及农业、牲畜等保险品种的参保状况均作了详细考察。当前，农业保险的实施仍然处于试点阶段，西部民族地区应在农村金融创新的同时，注意探索与农业保险更好的结合机制。

2. 生态环境对农村地区的经济发展起到基础作用，对西部民族地区农村经济的发展意义重大

过去，生态环境对很多西部民族地区的经济发展是一个严酷的限制条件，在缺水以及水土流失情况下，农业是难以取得长足发展的。西北地区缺水，甘肃等地尤其如此，蔬菜等高附加值产业难以发展，蔬菜、水果等均需要从外地引进，特色农业的发展受到严重限制。甘肃中南部山区较多，地少人多，农业仍以粮食作物为主，还是处于糊口农业阶段。北京大学农村金融调研组在甘肃广河、夏河等少数民族较多的地区调查发现，当地农村信贷额度很低、供给不足的经济原因主要在于，农民只能在小块山地上种粮食，因为缺水也不能发展蔬菜产业，因此农户的信贷需求和还贷能力相对都比较低。经过多年的退耕还林政策，过去光秃秃的山地现在都有所恢复，林果业的发展初步具备了优势，当地特产的高原水果啤特果以及果汁酿造业正在慢慢形成一种产业。这表明，生态建设与西部农村地区的农业发展与产业调整政策存在一种内在的联系，也将成为未来西部民族地区农民增收的一个亮点。生态建设的最成功例子是甘肃定西。左宗棠所感叹的"陇中苦瘠甲于天下"，所指即是定西地区。定西之所以"苦甲天下"，最重要的就是严重缺水以及水土流失，然而今日定西的发展已经扭转了过去的形象。光秃秃的山开始绿起来，降雨量也多起来，为农业的发展也提供了新的契机。多年来，定西逐步形成了马铃薯、中药材、畜草三大产业。2008 年，定西市马铃薯种植面积 351.7 万亩，总产量 530 万吨，

面积居全国地级市州第二、产量第一；中药材 300 多种，面积 101.2 万亩，面积居全国地级市州第一。三大产业总产值超过 50 亿元，促农增收 1375 元，占农民人均纯收入的 64.4%。

过去光秃秃的荒山加上停滞的农村经济，农村金融的发展根本无从谈起。现在，在农业产业的带动下，农民的信贷需求与金融服务需求大幅上升，"金融下乡"具有了现实可能性。以农业银行定西市支行为例，到 2010 年已经发放惠农卡 32.96 万张，占农户的 54.84%，授信 41445 户农户，授信额 7.1 亿元，累计贷款 7.35 亿元，余额 4.52 亿元。农行支持农户的业务拓展迅速，一方面源于农民的巨大信贷需求，另一方面，农行定西支行在农村地区创新性地运作了多种金融手段与工具。例如，很多地区农民不太习惯使用 ATM 机，惠农卡的推广和使用率不高，定西支行将 POS 机引入到乡村超市，农民刷卡后由超市业主付款，农行与超市结算，变通实现了惠农卡的取现功能，方便了农户，从而大大提高了农民对惠农卡的接受程度。

西部大开发工作会议提出，今后 10 年，"西部地区综合经济实力要上一个大台阶"，"生态环境保护上一个大台阶"。将这一政策目标与西部的发展实践相结合，需要将西部大开发的政策配套措施进一步具体到农村中去，使农民真正受益。例如小额贷款担保政策，早在 10 年以前，中央已经为下岗职工的再就业和创业贷款提供担保财政贴息，在很多地区取得了非常好的效果。那么农民为西部大开发和生态环境保护作出了贡献，同样属于政策扶持对象，是否把农民扩大到这个群体？基层工作者指出，现在至少实现了一半，因从 2010 年开始，西部的政策性担保机构开始为妇女创业小额贷款提供担保贴息，那么至少女性农民已经被涵盖到了这个范围之中。

3. 西北民族地区农村金融领域，应建立促进民族金融发展的系统化政策框架

民族问题涉及很多不同的领域，客观来说，民族金融发展还未受到应有的重视。本书提出的"民族金融"概念，是指适应和尊重当地少数民族

宗教信仰与生活习俗、主要为少数民族地区农户、微型企业和农牧民合作社提供信贷和其他金融服务的金融体系，民族金融以提高少数民族地区农村居民信贷可及性为主要目标，致力于少数民族地区最贫困阶层的减贫和脱贫。

西北少数民族宗教和社会状况比较复杂，因此民族金融发展要考虑到当地的宗教信仰和社会生活形态。例如在甘肃的民族地区，地少人多，农业不发达，剩余劳动力的转移主要靠外出务工或经商，而这些地区大多属于回族、东乡族聚居区，伊斯兰有从商的传统，小商业比较发达。当地的主要收入来源还是来自于务工和经商，农民的商业性小额贷款需求很大。从民族地区的宗教信仰来看，古兰经教义不禁止借贷，但禁止取息，重视借贷信用。如果借款人实在无力偿还，需要向贷出方说明理由，并申请延期。如果故意不还款，在教义中是不允许的，因此实际上在当地的穆斯林社区内（包括回族和东乡族）是有着很好的信用基础的。

西北民族地区的农户信贷需求差异也很大，在糊口农业中，很多农民需要借贷购买化肥种子等投入品，贷款需求仅仅一两千元；而商业小额贷款和种植业贷款中，资金需求一般在数万元。在甘肃夏河县的藏民地区，农牧民的信贷活动相对活跃，据当地农信社介绍，低于 10000 元的小额贷款对这里的农牧民来说没有什么吸引力，原因在于他们认为如此低的额度很难满足他们的信贷需求。此外，对于农村金融的另一特殊群体，即农业大户和农业龙头企业而言，他们的贷款需求额度，则是在数十万乃至数百万元。不同的需求主体以及需求层次，给多层次的金融支农体系提供了制度创新与机制创新的空间。

实际上，不论对于哪种类型的借贷需求，当前正规金融渠道都无法满足西北民族地区农民的需要，地下金融仍然在西北民族地区广泛存在。从一般意义上而言，当前农村金融面临两个基本难题，一是担保问题，农民缺少必要的担保品，宅基地、承包地等均不属于合格的抵押品，同时评估费用过高，加重农民负担；二是对农村金融中的小额贷款业务，小机构缺资金，农行等大机构从事农村微型金融服务成本太高，力不从心。为此，北京大学农村金融调研组根据实际调查，提出如下的政策框架（图2.5）。

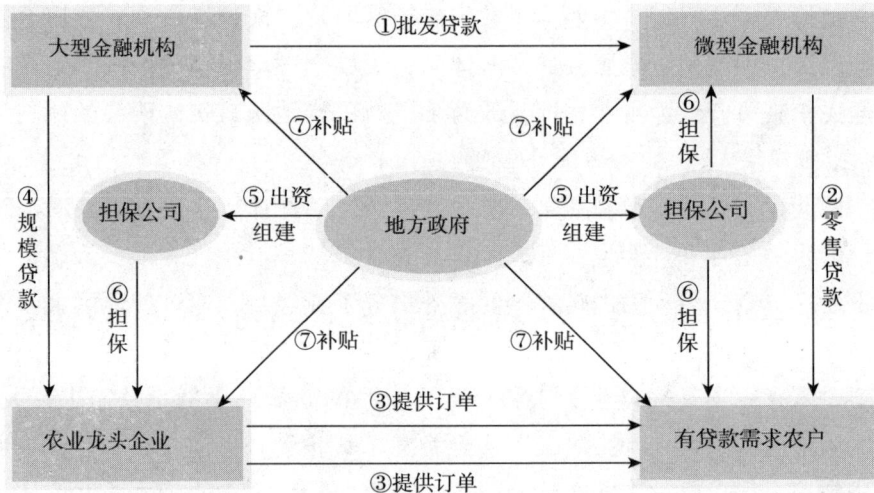

图 2.5 西部地区农村金融政策框架图

图 2.5 的政策框架中包含了大型农村金融机构、微型农村金融机构、有贷款需求农户、农业龙头企业、担保公司和地方政府等六个主体，它们之间的主要关系如下：

① 巨型金融机构与微型金融机构之间形成委托代理关系，进行批发贷款。巨型金融机构可节约大量经营成本，微型金融机构则可以解决资金瓶颈难题。

② 微型（草根）金融机构在向农户进行零售信贷业务时具有成本优势和信息优势。

③ 农业龙头企业向农户提供担保和订单，使得农户可以获得贷款，增强信贷可及性。

④ 巨型金融机构不直接针对农户，而是对农业龙头企业提供规模化贷款，从而提高农业贷款规模效应、辐射效应，符合其比较优势。

⑤ 针对农村金融中担保难问题，政府可出资（或控股或非控股）组建担保公司。

⑥ 担保公司为龙头企业贷款与农户贷款提供担保服务。

⑦ 政府根据产业政策等宏观政策意图对相关各方进行补贴（包括担保公司）。

在这一框架中，涉农的大型金融机构，如农业银行、农业发展银行等，不再主要为大量的小农户提供微型金融服务，而是发挥比较优势，通过向微型金融机构（农民资金互助组织、小额贷款公司、NGO小额信贷组织、村镇银行等）进行批发贷款而把业务半径辐射到农户，同时大型金融机构也可以直接向贷款需求几百万元以上的农业大户、农业龙头企业、农民专业合作组织等进行信贷服务。这样，大型金融机构能够致力于帮助那些根植乡土的微型金融机构和NGO组织，为这些更了解农村社会、具有信息优势而无资金优势的微型机构提供资金支持。微型金融机构从大型金融机构中获得批发贷款后，专注于农户小额信贷，更加贴近农户，了解客户需求和实际状况。农业龙头企业、农业大户、农民专业合作社与农户之间形成产业合作关系，实现产业发展与农民增收。政策支持成立担保公司，根据宏观政策和产业政策的需要，为不同类型的机构、组织和农户提供政策性担保或商业性担保，同时进行不同类型的补贴。这样，农村金融的各相关主体将形成大中小结合、既有分工又有合作的农村金融生态体系，形成多层次、广覆盖、高效率、可持续的普惠型农村金融体系，更好地服务于民族地区的经济社会发展。

第三章

把贫困送进博物馆

——民族地区反贫困的大理样本

本章由王曙光、王东宾、李冰冰、胡维金合作完成,发表于《中国经济》2010 年第 12 期。

一、引言：把贫困送进博物馆

中国改革开放以来在反贫困方面取得了举世瞩目的成就，中国的反贫困模式也逐步为国际人士所重视。中国的反贫困也为全球反贫困作出了巨大贡献。今天，中国的反贫困已经进入攻坚阶段，进入 21 世纪以来，中国贫困的发生形态与反贫困战略均发生了显著的变化，大规模减贫的时代已经结束，反贫困战略的总体思路和制度框架亟需调整。

2010 年暑期，北京大学经济学院调研团对云南大理白族自治州的扶贫模式进行了调研，通过对政府部门、非营利组织、金融机构、农户以及合作社组织的详尽而深入的田野调查，获得了大量第一手资料。2006 年度诺贝尔和平奖获得者尤努斯教授在北大演讲时说："要把贫困送进博物馆"，我们相信，这对于中国而言并不是遥远的梦想。当前，民族地区的贫困状况值得关注，这是关乎中国社会和谐稳定和经济可持续发展的重大问题。大理经验的梳理，相信对其他少数民族欠发达地区都会有很强的借鉴意义。

二、民族地区反贫困经验（一）：
救济式扶贫的实施及其意义

救济式扶贫在我国由来已久，是我国改革开放初期实行的主要扶贫方式，即各级政府直接把粮食、衣物或现金等无偿分配给贫困农户，帮助贫困人口渡过难关，同时不追求任何回报。这种方式也被称作"输血"式扶贫，主要用于生活救济和财政补贴。

救济式扶贫最大的特点就是无偿和不追求回报，这种方式在中国改革开放初期取得了良好的效果，但是随着扶贫工作的推进，有的脱贫户因为"输血"中断而再度陷入贫困状态。针对这种现象，社会各界逐渐提出扶贫方式要从救济式扶贫向开发式扶贫转变。如今，开发式扶贫已经成为我国扶贫的主要形式，但这并不意味着救济式扶贫可有可无，也不意味着救济式扶贫在中国扶贫战略中已经没有任何意义，尤其对于中国的少数民族反贫困而言。实际上，反贫困是一个系统性工程，而救济式扶贫正是这个浩大工程中一个不可或缺的部分。当然，与改革开放初期相比，如今实施的救济式扶贫无论在对象上还是意义上都有了极大的改变。

1. 救济式扶贫的对象

从对象上来看，救济式扶贫针对的不再是改革开放初期那样的所有贫困人口，而是为数不多的丧失劳动能力的家庭或个体。对于这些群体来说，他们或是由于先天不足，或是由于后天遭遇重大疾病或灾难，在可以预见的长期里都无法从事生产活动，因此唯一能让他们脱离贫困的方法就只有无偿提供且不追求回报的救济式扶贫。以云南省大理白族自治州鹤庆县 2008 年的社会救济为例，救济式扶贫覆盖的群体主要有三类。

一是遭受自然灾害的群众，他们由于遭受自然灾害丧失了生产资料，在一段时期里无法恢复生产，生活返回到贫困之中，因此最为急需的就是救济式扶贫。2008 年云南大理鹤庆县冰雪、洪涝、山体滑坡等自然灾害频发，累计受灾人口近 30 万人次，造成直接经济损失近 4000 万元，鹤庆县救助管理站全年解决求助人员 150 余人，帮助受灾最严重的人员渡过了难关。

二是五保对象，主要包括农村中无劳动能力、无生活来源的老年人、残疾人和未成年人。截至 2008 年初，鹤庆县一共有五保对象 707 人，其中孤寡老人 617 人，鹤庆县对孤寡老人们采取修建敬老院集中供养的方法进行安置，并且通过积极投入地方财政和动员社会捐赠等多种渠道，保证所有五保户的生活不低于当地农民的平均生活水平，极大地提高了政府的形象。

三是城乡低保对象，即家庭人均收入低于当地最低生活保障标准的城市和农村居民。2008 年鹤庆县有城市低保对象 4000 多人，农村低保对象 17000 多人，全年共发放保障金 1300 余万元，截至年底城市人均保障金额为每月 125 元，农村为 50 元，有效缓和了社会矛盾。

对于向以上三类群体提供的救济式扶贫措施，最基本的目的和作用在于保障他们的基本生活需求，使他们免于遭受贫困的威胁。

2. 救济式扶贫的意义和对象瞄准

在我们全力建设小康社会与和谐社会的今天，救济式扶贫不再背负着改革开放初期让所有贫困人口脱离贫困的使命，而只要求对那些丧失了劳动能力的群体加以援助，其意义主要在于以下两个方面。

首先从社会发展的角度来看，我国自改革开放以来在经济建设上取得了巨大的成就，但随之也出现了贫富差距过大的情况，并已经成为导致社会矛盾与不和谐的因素。历史经验证明，稳定是发展的前提，只有在稳定中才能谋发展。为此，国家建立了社会保障体系，并逐渐加以完善，就是要做到兼顾效率与公平，促进社会和谐发展。救济式扶贫作为社会保障体系的有机组成部分，其扶贫对象是需要社会救助的人群中的最弱者，给予这些处于社会最底层的群体帮助，使他们脱离贫困，对于缓和社会矛盾、保障社会稳定发展具有重要意义。

其次从社会伦理的角度来看，救济式扶贫主要针对的是丧失了劳动能力的群体，这些群体由于先后不足或者后天遭遇而不能独立生存，要是没有外界的帮助将只能永远停留在贫困之中。如果我们对这些弱势群体的存在无动于衷，任由他们在贫困之中挣扎，是不可能实现社会的共同进步和共同发展的，也是不符合我们建设和谐社会的要求的。

救济式扶贫的瞄准问题一直是世界级的难题。在具体扶贫工作中，我们一方面要认识到救济式扶贫是整个扶贫工程中的重要组成部分，是造血式扶贫和开发式扶贫的必要补充。另一方面，还要认识到只有建立了以政府为主导、社会各界广泛参与的现代救济扶贫体系，在救济扶贫过程中清楚界定和瞄准对象，把丧失劳动力的群体放到救济式扶贫的范围中去，通过多种途径保证他们的基本生活需求，才能提高贫困治理的效果，有效地逐年减少贫困人口，最终促进社会和谐发展。

三、民族地区反贫困经验（二）：能力增进型扶贫与金融反贫困

能力增进型扶贫着眼于提高贫困人群的可行能力。信贷扶贫是能力增进型扶贫的重要方式之一，也称为"金融反贫困"，它通过赋予贫困人群一定的信贷资源，使其拥有自我发展的能力。按照发起机构的不同，民族地区的信贷扶贫可分为以下三种：商业性正规金融机构信贷、政府扶贫型信贷、非政府组织主导的社区发展型信贷（如社区发展基金）。

1. 商业性正规金融机构信贷：扶贫模式和挑战

农村信用社是民族贫困地区最主要的商业性正规金融机构之一，在民族地区的正规金融信贷中占据主导地位。本文主要介绍云南省大理州鹤庆县农村信用社的信贷扶贫成果。

鹤庆县是典型的民族贫困地区。2009 年末，鹤庆县全县总人口 27.27 万人，其中农业人口 24.94 万人，占总人口的 91.5%；以白族为主的少数民族人口 18.28 万人，占总人口的 67.03%。2009 年全县财政总收入 2.82 亿元，农民人均纯收入 2986 元，远低于全国的 4760 元的平均水平①。

在对鹤庆县这一民族贫困地区的正规金融信贷扶贫中，农信社占据了

---

① 国家统计局：《中国统计年鉴 2009》，http://www.stats.gov.cn/tjsj/ndsj/2009/index-ch.htm。

重要地位。这主要表现在三个方面。首先鹤庆县农信社存贷款业务总量居全县首位。鹤庆县目前有工商银行、农业银行、建设银行、农村信用社、邮政储蓄等金融机构，截至 2010 年 6 月末，全县的存款总额为 34 亿元，其中农信社存款 10 亿元，占到全县存款业务量的 1/3；农信社各项贷款余额达 7.7 亿元，存贷款总额居全县金融机构首位。其次，鹤庆县农信社在服务客户的数量上占绝对优势。在全县的 6 万农户中，工商银行服务的农户为 100 户，建设银行服务的农户为 200 户，农业银行服务的农户为 3000～5000 户，而农信社服务的农户达到 4.5 万户，农信社对农户信贷服务的覆盖率达到 75%。此外，农信社的网点设置覆盖鹤庆县所有乡镇。鹤庆农信社下辖 8 个基层信用社、1 个联社营业部、6 个信用分社，共有营业网点 15 个，在职职工 117 人，网点遍布鹤庆县每一个乡镇。在网点设置上，鹤庆县农信社优于附近的县市，如临近的宁蒗县仍有 11 个乡没有网点。

鹤庆农信社经营的主要信贷品种包括：小额信用贷款、贴息贷款、助学贷款、创业贷款、抵押贷款等。目前的贷款总额中有 70%～80% 属于小额信用贷款。截至 2010 年 6 月末，发放小额信用贷款 12000 万元，平均每户发放贷款 1 万元；共发放生源地助学贷款 141 笔，贷款余额 21 万元；贷免扶补创业贷款 277 户，贷款余额 1385 万元，小额扶贫贴息贷款 313 户，贷款余额 460 万元。同时在风险控制上，鹤庆县农信社也取得了一定的成果，目前的不良贷款率为 6%，主要的不良贷款都是由于历史包袱所致。

鹤庆县农信社信贷扶贫的一大特点在于对当地特色产业的扶持。鹤庆当地工商业、手工业尤其是银器加工业较发达，银都水乡已经成为银器加工手工业的代表。鹤庆县农信社的贷款很大一部分用于支持手工业的发展。在鹤庆农信社的扶持下，当地的新华村形成了"户户搞加工、家家是工厂"的铜器和金银加工民族工艺品的生产格局。当地生产的银器源源不断的销往西藏、四川等地，目前农信社有大约 5000 万资金在西藏。

2. 政府的扶贫贴息贷款：运行机制与对象定位

政府的扶贫贴息贷款是民族贫困地区信贷扶贫的另一种方式，本文主要介绍大理州鹤庆县扶贫办推行的财政贴息性小额信贷。

鹤庆县是云南第一家小额信贷试点地区。鹤庆县扶贫办1997年开始与乐施会合作运营小额信贷，成立以来该项目经历了两个阶段，2008年之前由扶贫办在乡镇一级成立工作组经营小额信贷业务，2009年开始，农业银行开始经营这项业务，扶贫办主要协助银行收集贷款群众的信息，确定哪些是贫困户，鉴定其贫困程度。同时小额信贷运作中坚持的原则也逐步放宽。成立之初，小额信贷项目坚持贷穷不贷富，只贷妇女，以5000元/户为上限。在风险控制上，小额信贷实行五户联保，由信贷员催收。目前小额信贷已经偏离最初的基本原则，信贷额度变为10000元/户，特殊的可以达到20000元甚至30000元每户。并且贷款对象也不再是最贫穷的群体，而是选择中间那部分有贷款需求又有还款能力的农户。贷款主要围绕县乡重点产业项目，包括粮食作物、生猪、蚕桑、大牲畜、甘蔗、蔬菜、传统手工业加工等。

运行以来，这项贴息性小额信贷取得了重大的成果。至今已经累计发放贷款800多万元，还款率达到90%以上。扶贫项目覆盖9个乡镇94个村委会，获贷农户41483户，占全县农业总户数的73.5%。2009年一年，全县贷款总额1300万元，到户贴息资金65万元，辐射56个村委会，受益农户796户。

调研中，我们重点考察了鹤庆县辛屯镇新登村的贴息性小额信贷实施情况。辛屯镇位于鹤庆县最北端，扶贫到户贷款工作从2002年9月开始运行。2009年发放贷款300万元，财政贴息15万元。从开始成立到2009年，已经累计发放贷款1566万元。其中用于种植业25万元，养殖业1481万元，加工业3万元，其他产业57万元。其中生猪养殖业投放资金达1361万元，占全部资金的86.9%。扶贫贷款覆盖全镇9个村委会，累计获贷小组数847个，获贷农户3479户。至2009年12月底，到期贷款回收率达100%。

新登村是辛屯镇养殖业的代表村。全村有2000多人，542户，人均年收入3700多元。生猪养殖是新登村的骨干产业，占本村经济总收入的65.7%。新登村委会的师弟登自然村，共有农户338户，除11户外出经营打工外，327户全部从事生猪养殖。2000年，新登村建立了生猪交易市场，肥猪主要来源于洱源、大理、宾川、丽江、鹤庆等地，主要销往省外的西藏、甘肃、四川、广西、广东、湖南，以及省内的下关、丽江、迪庆、怒江、兰坪等地，日交易量达到800头以上，成为滇西北乃至整个西南地区最大的生猪交易市场，形成集生猪养殖、运销一条龙服务的发展格局。

新登村的扶贫贴息贷款由村书记对农户信用进行考察，并对信贷户进行监督，实行三户联保。贷款年息6.931%，其中财政补贴5%，农户实际支付的年利率不到2%。2009年，全村贷款150万元，获贷农户75户，每户贷款2万元，发展生猪94头，牛25头，家禽820只。从扶贫贷款发放依赖，全村共发放扶贫到户贷款资金683.5万元，其中用于养殖524.6万元，获贷农户960户。

这种扶贫贴息贷款主要用于解决小规模养殖户的资金困难问题，坚持"有偿使用、小额短期、滚动发展"的原则。目前农信社在新登村有500万元的贷款，而扶贫贴息贷款的对象则主要是那些处于中下等收入层次、无法得到农信社贷款的农户。因此，在新登村，农信社主要服务于那些经营大规模养殖业的农户，而扶贫贴息贷款则支持那些小规模的养殖户，成为农信社信贷扶贫的必要补充。从新登村的经验可以得出这样的启发，针对不同的客户群可以采取不同的信贷扶贫方式。商业性正规金融机构按照商业化原则优先选择那些优质客户，解决其信贷困难问题；而政府扶贫型信贷则主要偏向于那些不能得到商业性正规金融机构贷款但同时也具有一定还款能力的客户，同时政府扶贫型信贷通过设置一定的贷款额度限制来排除那些能够得到农信社贷款的大规模客户，保证信贷资源在小规模农户中周转。

3. 非政府组织主导的信贷扶贫模式：社区发展基金的运作机制

国外非政府组织在信贷扶贫方面已经积累了很多经验，在扶贫理论与实践上都优于国内政府的扶贫。社区发展基金是非政府组织探索的信贷扶贫的一种方式，目前已经在国内很多地方试点展开。社区发展基金是在小额信贷基础上发展起来的，小额信贷的运行虽然取得了一定的成功，但是其信贷资金的发放以项目方式推进，较少注重农户自立能力的建设，农户没有建立起自我还款意识，资金循环利用的程度不高（何广文，2007），因此产生了一种强调为穷人赋权，赋予社区农户对社区资源的决策权的贷款方式——社区发展基金。社区发展基金是以难以获得正规金融服务的贫困社区的农户为基本对象，以个体贫困农户公平获得生产性贷款、支持农户升级改善的同时追求社区的公共积累为目的，以体现贫困社区农户主体地位的充分参与、透明公开、民主决策的自我组织和自我管理为基础，以风险共担和利益共享为核心的一种适应贫困社区农户生计方式的，自愿、灵活、简易的社区发展的公益性自我服务体系（刘胜安、韩伟，2009）。

滕昊、何广文（2009）总结认为社区发展基金主要包括以下特征：以自然村为单位，由乐施会项目办无偿向社区提供一笔初始资金作为基金本金；基金本金所有权最初为项目办所有，资金在社区内滚动运行供全体村民贷款使用，项目办同时提出视社区发展基金开展情况决定基金本金的捐赠事宜；由全体村民民主选举产生社区基金管理小组和监督小组，分别负责包括社区发展基金在内的社区事务管理、运行与监督。管理小组必须有一定的女性比例和贫困户代表，且需定期换届；申请借款的农户需要组成相对固定的联保小组（5~7户），并推选小组长。农户的贷款申请在获得所有小组成员签字后被提交到定期召开的社区大会讨论，讨论通过后即行发放贷款。基金在社区内部采取有偿使用方式，利率由农户自行约定，实践中往往高于农信社小额信用贷款利率。

云南大理州鹤庆县扶贫办开展的社区发展基金目前仍处于发展初期。2006年鹤庆县扶贫办在乐施会的资助下对试点地区开展社区发展基金项目。主要运作方式为以村为单位成立发展委员会，由村民自己选举3~5人作为发展委员会的负责人，负责发放贷款以及管理日常工作，每项贷款的发放额度由群众自己决定。一般以5000元为额度，期限为半年。以利息作为滚动资金。目前社区发展基金已经在三个村开展，还款率达到90%。乐施会对社区发展基金项目第一年投入10万元，后来又追加10万元，运营到现在总共产生利息约4万元。

相较于鹤庆县，其他一些地区如贵州威宁县草海社区、安徽霍山县等的社区发展基金项目已经发展得较为成熟。研究表明，社区发展基金是一种真正意义的合作金融，是改善偏远落后地区农村金融服务的好办法（高伟，2007），对提高农民素质，改善乡村治理起到了重要作用（濮宜平，2007）。但是只贷款不存款的形式阻碍了社区发展基金的发展，应该允许吸收社员内部存款，同时加大财政扶持力度，同时社区发展基金也面临着规模小、成本高、缺少对社区综合发展的考虑等问题。李昌平（2005）考察了贵州毕节地区的社区发展基金的运作情况，提出让社区发展基金会（或社区信用合作社）承担正规金融组织与农户之间的中介，即正规金融组织贷款给社区发展基金会，然后通过基金会发放给农户，或者支持社区发展基金，形成农信社与社区发展基金竞争和合作的关系。这样的方式一方面可以解决社区发展基金资金不足的问题，同时也可以发挥社区发展基金内部的控制风险方面的优势，提高资金的利用效率，同时也提高农村社区内农民的自治能力，是值得探索的一种形式。

四、民族地区反贫困经验（三）：普惠型扶贫的整村推进式战略

1. 整村推进扶贫战略的政策、理论背景与评价

2001 年中国政府制定和颁布了《中国农村扶贫开发纲要（2001～2010 年）》。《纲要》对扶贫工作重点县进行了调整，进一步将工作重点放到西部地区；贫困村成为基本的瞄准单位，扶贫投资将覆盖到非重点县的贫困村。为此，在全国确定了 14.8 万个贫困村。新的《纲要》注重发展科学技术、教育、文化和卫生事业，并且意识到疾病是使农户陷入贫困的一个主要因素。而且，新的扶贫规划强调参与式扶贫、以村为单位进行综合开发。最后，新《纲要》承认城乡间人口流动是扶贫的一个重要途径，并采取新的政策举措使农村居民更容易从城镇新出现的工作机会中受益。

整村推进是以贫困村为基本单位，通过参与式村级规划和综合性的扶贫投资在 2～3 年的时间内使贫困村在基础设施和社会服务方面有较大的改善，从而提高贫困地区的生产生活条件和生产效率，并使贫困农户通过各种创收活动来增加收入（汪三贵，2007）。

截至 2009 年，纲要实施时确定的 15 万多个贫困村已完成了 10 万多个，到 2010 年底，还可以完成 1 万到 2 万个左右。目前，国家正在研究今后十年扶贫开发工作的整体思路和政策措施，作为十年来扶贫工作的重要经验之一，根据目前贫困人口的实际分布情况，整村推进仍将作为下个十年扶贫开发工作的重要抓手，为提高贫困人口收入、提高贫困群众素质和自我积累、自我发展能力的主要手段之一。但整村推进扶贫模式也存在很多问题。常艳、左停（2006）认为整村推进中资金捆绑、管理做法不一，需加以规范，规划中的参与及其规划的落实仍需加强，目标瞄准需进一步提高精确度。张磊（2006）认为整村推进的资金投入力度不够。要彻底解决一个村的贫困问题，平均每个村的扶贫计划为 228 万元，即使只进行公共基础设施的建设，每个贫困村也至少平均需要 100 万元的投资，但是实际上每个贫困村获得的平均扶贫资金仅为 34 万元，仅占到需求量的 15%。由于重点村选择过程中存在的技术困难（村级贫富程度评价比较复杂）以及乡村间的利益博弈，所选择的重点村也并非能够覆盖重点县全部最穷的村。汪三贵、Park A.、Chaudhuri S.、Datt G.（2007）研究结果表明，尽管越是低收入组的村被确定为贫困村的可能性越大，但贫困村覆盖不完全和非贫困村被定为贫困村的问题依然比较严重。总体而言，以收入为标准和在精确瞄准状态下应该被确定为贫困村的村中有 48% 的村没有被瞄准。确定贫困村的主要决定因素是收入水平、贫困发生率、基础设施和社会服务的可获得性以及偏远程度等，这与中央政府确定贫困村的原则和推荐方案是一致的。2001 年，有 59% 的极端贫困人口居住在贫困村内，但这一比重在 2004 年下降到 51%。与其他地区和非贫困县相比，西部地区和贫困县确定的贫困村覆盖了更高比例的贫困人口。总体上看，由于东部和中部地区以及非贫困县更大的瞄准错误，村级瞄准并没有比县级瞄准覆盖更多的贫困人口。

2. 云南大理的整村推进模式和解决族群式贫困的异地扶贫搬迁

云南省大理州的整村推进模式，是针对贫困人口占大多数的贫困村进行整体的、细致的扶贫规划，从基础设施、组织体系、产业结构、医疗、文化教育、居住等方面进行全方位的科学规划，从而达到对贫困村大推进式的脱贫能力提升。大理扶贫模式规划体系的集中体现是"八六六"，即要求贫困村农户要实现"八个有"，自然村要实现"六个有"，行政村要实现"六个有"。其具体内容如下：

农户"八个有"：①有一幢人畜分离、整洁实用、着色墙体的瓦房；②有一口沼气池或节能灶；③有一个卫生厕和卫生厩；④有一个水龙头（自来水）或小水窖；⑤人均有一亩400公斤以上稳产高产基本农田地；⑥人均有一亩特色高效经济林果或经济作物；⑦年人均有一头（只）商畜出售；⑧有一个劳动力掌握一门脱贫致富技术，一户有一人劳务输出时间达半年以上。自然村"六个有"：①有进村入社的简易公路；②村内有整洁畅通的道路；③有安全卫生的饮用水；④有入村入户的通电条件；⑤群众有简单的就医条件；⑥有一批劳动力受到培训和转移。行政村"六个有"：①有进村公路和行道树；②有安全卫生的饮用水；③有入村入户的通电条件；④有广播电视信号覆盖；⑤有合格的办公房、卫生室、兽医室和以党员电教及科普为主的文化室；⑥有群众信任、团结干事的村"两委"班子和维护群众利益的好制度。

大理州通过这种详细具体的指标规划，使得整村推进的扶贫模式有了较为具体的实施操作标准和考核手段，扶贫效果非常明显，其特点体现为以下几方面。

第一，基础设施水平的大推进式提升。以往的扶贫往往着重某一个层面，或者某个部门实施的某个项目，资金分散、管理多头，落实下去往往效果不好。大理州整村推进的扶贫模式中，根据财政能力，对每个项目村提供财政转移支付120万元，对村庄道路、农户居住、养殖场所、办公设施进行全面的补贴和建设，实现村庄整体基础设施水平的提高。这种模式下，贫困村民得益于基础设施和公共服务水平的提高，也得益于自身家庭居住环境的改善，从而能够从新的起点上全力进行脱贫致富，实践中效果很好。

第二，通过产业结构引导、劳动力培训提高贫困农民的经济能力，并与扶贫信贷相结合。例如，2009 年，大理州就为鹤庆提供了扶贫到户贷款 1300 万元，财政贴息资金 65 万元。同时，当地还积极引导贫困村成立村级的社区发展基金，促进贫困村民能够参与到能够有效脱贫的经济活动中去。

第三，强调基层组织建设以及上下对接。强调农村基层两委班子的组织能力和在群众中的威望，要求县政府有关的扶持干部每年深入项目实施地不少于 20 天，以充分获取项目实施村庄的信息和要求，并且长期跟踪村庄发展的动态，及时发现问题、解决问题。

当然，在云南大理这样的少数民族聚居的地区，整村推进型的扶贫还包括整村异地扶贫迁移模式。族群型的贫困在一些居住条件较差、交通闭塞、生产方式落后的云南大理民族地区普遍存在。对于这样的地区，异地扶贫搬迁的模式（实际上也是一种大推进模式）最为有效，对于一次性提升贫困人群的生存条件、改善其生产生活环境与自生能力、逐步使其融入现代生活方式非常重要。云南大理的异地扶贫搬迁开发工作早在 2008 年就开始大规模实施。根据《云南省发展和改革委员会关于下达 2008 年异地扶贫搬迁试点工程中央预算内投资计划的通知》精神，大理州 2008 年国债异地扶贫搬迁试点工程项目投资计划总投资 379 万元，其中中央预算内投资 497 万元，地方自筹配套投资 182 万元，搬迁农村绝对贫困人口 1070 人，全部安排在南涧、云龙、永平、漾濞等国家扶贫开发工作重点县。搬迁对象为生活在缺乏基本生存条件地区的农村贫困人口，兼顾受地质灾害严重威胁的农村贫困人口，及生态建设需要搬迁的贫困人口。项目内容为安居房、坡改梯、中低产田、水池、水窖、引水管道、新建农灌沟渠、乡村道路、电视发射接收机、节柴灶、沼气池等。近年来西部少数民族地区地质灾害频繁（四川羌族聚居区、甘南藏族聚居区等），生存条件恶劣，基础设施落后，只有整村异地搬迁安置，才能以最快速度为其脱贫创造基本条件。

五、结论：民族地区反贫困模式和反贫困主体需要多元化

中国的贫困大致可以分为制度供给不足型贫困、区域发展障碍型贫困、可行能力不足型贫困（结构型贫困）、先天缺乏型贫困和族群型贫困，这种划分基本概括了中国几乎所有种类的贫困类型，但是所有这些类型的贫困往往在现实中交织在一起，在一个区域中，贫困人群的致贫根源往往是综合性的。中国的反贫困战略大致也划分为制度变革型扶贫、基础性扶贫（或大推进型扶贫）、迁移型（或生态恢复型扶贫）、能力增进型扶贫（或结构型扶贫、造血型扶贫）、救济型扶贫（或输血式扶贫）和族群系统型扶贫，但是在反贫困实践中，各类措施往往齐头并进形成合力。中国当前的民族地区贫困已经成为尖锐的问题，区域性的族群贫困是未来影响地区经济发展和社会稳定的重要因素。解决区域性的族群型贫困需要综合性的系统思路，需要扶贫主体的多元化和扶贫模式的多元化。本文介绍了云南大理扶贫模式中的救济式扶贫、以金融扶贫为主的能力增进式扶贫和以整村推进战略和异地迁移战略为主的普惠型大推进式扶贫。这些模式的综合使用，不仅可以使一个民族区域大面积地为整体脱贫奠定良好的基础，而且可以在很大程度上提高扶贫工作的瞄准程度与扶贫效率。在这些与民族地区反贫困有关的行动中，政府的角色是非常显著的，但这并不能排斥民间非营利组织和市场组织的重要性，尤其在能力增进型扶贫中，非营利组织和市场都扮演了重要角色，如在社区发展基金和商业性信贷中，非营利组织和市场化机构起到关键的作用。这些机构通过创新性的机制设计激发了潜藏在贫困人群中的内在创造力和自组织能力，从而把贫困人口自己也纳入到反贫困主体当中来，这是支撑当今扶贫工作的重要理念之一。

| 第四章 |

城乡融合与制度创新

本章由王曙光、王东宾、慈锋、李冰冰合作完成，部分内容发表于《农村金融研究》2010 年 7 期。

一、城镇化的迷思：定位、内涵与城乡二元结构的改善

就国际经验和中国当前所处的发展阶段而言，城镇化仍将是中国未来20年驱动经济高速发展的主要引擎。城镇化进程将深刻改变中国的社会经济结构，也必将是未来中国经济和社会发展的重要内容。但真正的城镇化，并不仅仅是 GDP 的增长、城市的简单扩张或是城市人口的简单膨胀（农转非），而是要着眼于城市功能的多元化挖掘与城市的均衡、可持续化发展，是经济、社会、生态、文化的协调发展过程。新型城镇化的目标定位应有更高的要求，在发展哲学上，应坚持和谐发展、以人为本的发展取向，要实现城市、自然和人的和谐发展，城市和城郊农村的和谐发展，要体现绿色、低碳、可循环、可持续的城市发展模式，同时要在文化上体现东方文化特色，使新兴城市具有中国特色和地方特色，改变"千城一面"的现状。

从城镇化的内涵和外延上来看，推进城镇化建设至少涵盖三层次内容：就是人口城镇化、经济城镇化和社会城镇化。首先是人口城镇化，主要是基于城市人口的增加，农民真正转变为市民的过程；第二是经济城镇化，是人口城市化的经济基础，在于农业剩余和城镇化产业（现代工业、服务业）的发展扩大及其对农业剩余劳动力的吸引力；第三是社会城镇化，主要显现在城市规模和外观、生产方式、生活水平、社会组织关系等方面的全面转变。如果城镇化并不能带来福利的改进，包括生活环境（基础设施、自然环境）的改善、生活水平（就业、消费、社保等）的提高、更好的医疗教育保障等等，那就失去了城镇化的本质意义。

当前，我国的城镇化，过多地注重"人口城镇化"，注重"经济城镇化"中的经济增长，在"社会城镇化"方面仍有很大不足，因而让城市化的社会成本不断增加。世界城市发展的历史经验表明，不论是伦敦还是东京、巴黎，在城市发展过程中必须处理好核心城市区、城市郊区和城市周边农业区的关系，要注重城乡一体化发展。以日本为例：东京在建设世界城市过程中，周边乡村原有的风貌、机能和生态环境发生了巨变，原来东京周边乡村普遍注重经济利益和单纯的产值增长，但是20世纪90年代以来，逐步注重乡村的重新振兴和乡村机能的均衡化，即重视乡村的生态机能、环保机能、绿地机能；文化传统延续机能、乡村社会生活和社会组织的复兴、促进市民与村民的交流机制以建设城乡共存的乡村社会。东京建设世界城市过程中的城乡一体化发展格局及其经验值得我们借鉴。

中国的地区与城乡发展极不均衡，城市核心区的人口膨胀财富积聚与城市周边农村的贫困化形成鲜明对比，城乡二元结构极端突出，这对中国的城镇化进程形成了严峻的挑战。因此，城镇化进程不仅仅是一个农村转型的问题，更是一个区域内协调发展与融合的问题，具体而言，就是城乡统筹发展。城镇化进程要注重城市和乡村的一体化发展，即在城市发展的同时，乡村也得到发展。

二、中国城镇化进程中的社会冲突与问题

城镇化进程中，社会结构、经济形态、产业结构、文化形态都会发生深刻的变化，与此同时，其社会矛盾和经济矛盾会更加突出。如果这些社会矛盾和经济矛盾得不到妥善的解决，则会出现更大的社会问题和经济问题，隐含着很多社会冲突风险，严重影响经济社会的可持续发展，拉美地区的城镇化就是典型的例子。

对中国的城镇化进程而言，面临的问题主要有以下几个方面。

第一，失地农民的保障机制不完善，造成对失地农民的可行能力的制度化剥夺，社会冲突的风险加大，主要体现在：①补偿机制不完善：土地红利的利益分配仍欠公允；缺乏可持续的补偿机制。②就业保障不足：失地农民的城市化的创业、就业能力不足，短期培训无法迈过人力资本投入长期性的门槛。农民没有就业，就成为潜在的非意愿失业人口，其社会经济地位必然下降，长期而言会引发大量严重的社会问题，甚至会导致失地农民的再度贫困化，早就新的城市贫困阶层。墨西哥和一些拉美国家在高度城市化过程中，正是没有解决好农村城市化之后的社会就业问题，而使得城市贫民大增，城市贫民窟现象严重。③社会保障不健全：对农民的医疗、教育、社会保障方面的机制设计还不健全。在征地和城镇化过程中，必须将失地农民的社会保障和社会福利问题解决好，以使农民没有后顾之忧。失地农民的社会保障（包括养老保险、失业保险、医疗保障）等，从根本上讲也是一个金融产品的设计和创新问题。

第二，城市基础设施建设的投融资机制存在问题，过分依赖土地财政，风险加大，影响政府投融资平台（城投公司及城市资产经营公司）的建设，导致政府的"角色"、"财政能力"都将会出现问题。

第三，征地补偿款得不到有效利用引发的社会问题。城镇化过程中，农民获得比较可观的补偿款，这些补偿款如果不能得到很好的利用，就会不但不能给农民带来收益和稳定的生活保障，而且会引发大量社会问题，甚至会引发社会危机和家庭危机。农民缺乏人力资本，缺乏创业经验，因此单纯靠农民自己创业，会出现各种问题，其风险极大。因此，如何使巨额补偿款得到最有效的运用，如何使农民通过补偿款的有效利用而获得稳定收益，是一个涉及社会稳定与经济可持续发展的大问题。

第四，城镇化过程中的产业链选择与设计、经济的转型问题。城镇化的进程中，既要保持经济的可持续发展，又要促进其经济形态进行成功的转型，是一个必须解决的大问题。产业链的设计、构建和资源整合，必须充分考虑到各个地区不同的产业优势、资源优势、区位优势和人力优势，使该地区的产业在未来的市场中能够具备竞争能力，并增加当地的就业，使失地农民可以得到很好的就业机会，同时通过产业的发展，带动农民创业。

三、他山之石：其他国家和地区的城镇化经验

1. 日本的城镇化

自 20 世纪 60 年代初开始，日本经济进入高速增长时期至 70 年代初实现工业现代化。日本在实行工业化的过程中采取工业化和农村城市化同步推进的策略在亚洲率先实现了农业现代化和农村城市化。日本在农村城市化的过程中采取了以下一些重要举措。

增大投资，加强基础设施建设。基础设施的完善与否在很大程度上制约着农村城市化的进程。20 世纪 60 年代以后日本政府针对农村出现的"过疏化"现象加大资金的投入加速农村的发展。其特点有投资增速快规模大。投资重点突出，结构合理。突出政府的主导作用又注重投资主体的多元化。在城镇基础设施建设上，日本政府主要采取以下扶持性措施：提供财政和政策性金融担保，以降低非国有经济进入基础设施领域的风险；开拓特殊债券市场；实行长期金融债，开拓居民储蓄用于基础设施建设的渠道；以筑巢引凤式和联合投资式进行直接投资引导。PFI（Private Finance Initiative）是 20 世纪 90 年代初诞生于英国的一种项目融资模式，它采取促进私人部门参与基础设施、公共产品和服务的全新方式，在一定程度上克服了传统基础设施建设中的高投入、低效率和资源高消耗等弊端。日本引进 PFI 后对其大力推广，还在 1999 年以《PFI 推进法》的形式保障它的推广和实施。在不到十年的时间里，日本的 PFI 事业迅速扩张，取得了良好的经济效益和社会效益，成为日本基础设施建设的重要力量。

实行产业振兴发展农村工业。农村城市化需要工业的支撑，没有工业的发展，农村的城市化也就失去了其存在的基础。日本十分重视农村工业的发展基本实现了农村工业化。农村工业的发展具体可分为两种模式：一

是发展、壮大农村副业、农产品加工、农具制造等传统产业；二是通过招商引资的办法创办新的农村工业。

推行广域行政实行町村合并。在日本，市町村是最基层的行政区，市是城市化地区，町和村都是农村的基层行政区，町和村之间没有明显的差别，但町含有"城下町"的意思，它的规模一般要大于村，在形态上更接近于集镇。战后为推进农村城市化进程，日本政府在指导思想上倾向于广域行政，即行政区范围要大。为此日本于1953年出台了《町村合并法》，町周围的村进町。进一步以一个城镇为中心，周围一个村十几个自然村在合并后成立市，并在城市化过程中成为真正的市。随着町村合并的进程加快，市的数量迅速上升而町村数量急剧减少。

2. 韩国的城镇化

韩国的城市化过程有三个转折点。第一个是日本把殖民地政策从剥削农业转变为工业的20世纪30年代。第二个是光复后大量回国人员和韩国战争期间从北方来的难民为寻找就业机会定居于城市。第三个也是最为重要的转折出现在20世纪60年代以后。随着经济开发和工业化加快，无数的农村人口流入城市，在此过程中伴生急速的城市化。政府推行了以低工资为基础、轻工业为中心的输出主导型开发政策。为扩大输出，政府扩大既有工厂的生产能力，随之城市人口也增加。新建制造企业也建立在基础设施较好、又易于取得劳动力的城市地区。

20世纪70年代，针对城乡差距日益扩大的问题，韩国政府以改善村落生活环境、培育新农村为目的，掀起著名的"新村运动"。在此过程中，韩国政府行政自治部把该项"运动"引进到小城镇领域，促进"小城市培育事业"。其目的是培育小城镇，使其成为周围农村地区的生活、文化、流通的中心地区。该事业以改善基础环境为中心，集中治理道路、河川、不良建筑、广告牌、停车场、道边水沟、窄胡同、电网等。行政自治部选择主干道路沿线的1505个小城市、镇和乡政府所在地作为整治对象，而实际落实的市、镇有397个。政府给这些实施政策的小城镇平均每个支援1026万韩元。

行政自治部还依次促进"小城镇职能化事业（1978～1982 年）"和"地方定住生活圈规划试验事业（1982～2011 年）"。前者基本构想是，以169 个小城镇为对象，强化其作为准城市的据点职能，即对周围农村的支援职能、邻近城市的补充职能、农村经济的开发据点职能、腹地区域的文化中心等职能。后者基本构想是，以 155 个小城镇为对象，实施城乡一体化开发，促进城乡职能联系，建立高通达性的交通体系，强化中心地职能，追求区域多样性，最终以郡为单位确立地方定住生活圈。但是，前者因未能确保支援资金而搁浅，按计划得到实施者仅限于 6 个示范小城镇；后者也因未能确保支援资金而不前，只有 3 个试验小城镇的计划得到部分落实。

进入 20 世纪 90 年代以后，行政自治部以实施"小城镇开发事业"的形式促进小城镇发展。其目的是把镇和乡所在地开发成为农村地区包括经济、文化、行政等功能的综合性中心地，通过振兴地区经济和建设地方定住生活基础，谋求福利的均衡，进而缓解城乡之间的开发差异。为此，所促进的具体事项有包括改善道路和下水道等内容的街道整治、包括改良住宅等内容的居住环境整治、包括整理中心商业街等内容的市场流通设施整治等。该事业所选小城镇有 1443 个，而实际落实的有 606 个。政府给每个实施政策的小城镇平均支援 12.4 亿韩元。韩国政府在城镇基础设施建设上推出了以下投资组合方式：通过设立国民投资基金把非国有资本低成本、有效地用于基础设施建设；制定吸引非国有经济的政策法规；财政向银行贴息。

过去 30 年，政府虽然持续促进小城镇的发展，但是，投资规模有限，不仅纳入培育计划的很多小城镇未能得到资金支援，就是得到投资的小城镇所获得的支援资金规模也不大。例如，在投入规模最大的 90 年代，每个小城镇平均得到 12.4 亿韩元的支援。另外，在相应时期政府投资中，中央政府仅承担 16.7%，其余由地方政府承担，因而不能有力地调动地方政府的积极性。在 2002 年制定的《小城镇培育事业 10 年促进计划》中，为改善投资结构，提高投资力度，行政自治部和国库补助资金管理部门分别承担 100 亿韩元，市道政府和市郡政府分别承担 50 亿韩元。这样，实际被选定的每个镇将得到培育事业资助金 300 亿韩元（约合 2500 万美元）。另外，政府还对参与培育事业的民营企业给予金融、税收等方面的优惠待遇。

3. 中国台湾地区的城镇化

中国台湾地区农村就业结构的改变，主要是通过在农民中发展非农业，而并非是通过人口向大城市流动实现的。通过就地利用农村自然资源，发展工业、商业、服务业，农村迅速向城市化迈进。台湾地区农村工业的普遍发展，大大提高了台湾工业化的速度及农业人口向非农业人口的转移。其特点主要表现在：

①农村剩余劳动力的转移是以农业充分发展为基础。中国台湾地区农村剩余劳动力转移速度是最快的，目前农业劳动力的份额已经降至 20% 以下，基本完成了农业劳动力转移的任务。台湾农业经营的基本形式是小农制。台湾人多地少，户均占有耕地面积狭小，起伏较大的地形阻碍了农业机械的普及，加之特有的乡土观念，决定了台湾的农业发展只能走小规模经营的路子。如此一来，小农制便应运而生。小农制的推行不但就近解决了大部分农业剩余劳动力的生计问题，而且，在台湾从传统农业社会向现代工业社会转变的经济转型时期，达到了稳定农村社会、解放生产力，造成农业生产在一个相当长的时期以较高的速度增长，成功地跨越了"以农业养工业"的过渡时期。

②城镇化进程是和农地制度改革联系在一起的。20 世纪 60 年代以后，台湾地区抓住发达国家产业转移的机会，大力发展劳动密集型企业，吸引了大量劳动力从纯农业转移到制造业和服务业，一方面，土地制度改革扩大了农地的规模经营，促进了人口向城镇流动；另一方面，城镇工业化发展，提供了大量的非农就业机会，为农村剩余劳动力转移创造了条件。土地制度改革促使农地利用集约化程度提高。自 50 年代以来，台湾地区通过土地改革，实行农、轻、重为序的建设方针，增加农业投入等措施，使农业获得稳定的发展。为非农产业的发展奠定了资金、原料、劳动力等方面的基础。农业生产技术改进，一方面达成了农业部门内土地的重新分配，

并使所得分配趋于平均，另一方面则促进了农业生产，提高了农村的购买力，为经济发展奠定了良好基础。台湾当局还有关于私有耕地最小面积的规定，小于此面积则不得分割。以后又有当局出面归整土地、移动农户耕地位置的举措。土地改革完成以后，台湾农业生产率1950～1960年间增长了近40%，农业工人工资增长约35%，同时人均储蓄和人均投资均在85%左右。

③劳动力转移多元化，避免出现大城市病。台湾地区在经济发展之初便确立了优先发展农业的战略，并为农业发展进行了必要的改革和必要的物质支持，促进了农业的迅速增长，从而成功地启动了农业剩余劳动力快速转移的进程。更重要的是，台湾在农业剩余劳动力转移的过程中采取了分散型的转移方式，逐渐形成了以大城市为核心，以中等城市为骨干，以小城市为中心镇的多层次的城镇空间构型，并通过发展农村非农产业吸收了大量农业剩余劳动力，因此避免了像韩国和印度那样，因农业剩余劳动力过量涌入大城市和不能有效利用农村内部机制而出现诸如大城市恶性膨胀、城乡差距过大、转移质量差、地域转移和产业转移无法同时实现等"大城市病"问题。

④台湾地区当局在城镇化进程中发挥了关键作用。台湾城镇化进程的顺利完成，在根本上是得益于台湾当局的法制和政策保障。台湾当局采用的是市场操作型信用体系，给中小企业提供资金和技术支持，它的基本特征是担保机构以实有资金作为保证的事前保证；将担保资金存入协作银行；发生损失后由专门账户直接拨给银行作为补偿。与此同时，台湾当局采取各种举措推广农业科学技术。台湾农业科技推广的组织系统比较完整，主要致力于引进、开发和推广"规模中立性"的，即不受土地面积大小限制的现代化生产技术，以适应小农生产方式的需要。台湾农研与推广组织除台大"农业推广系"、各大学农学院、中研院农研所以外，还有农村厅属下的"台湾农业试验所"，所下又有分所和地区性的改良场，各级农业主管部分负责督导农业技术推广。

4. 法国的城镇化

由于城市基础设施的公益性特点，法国政府在城市建设投融资和项目管理中居于主导地位。现阶段城市建设融资有以下特点：

①政府是建设项目的投资主体。一类是非经营性的项目，如城市道路、地铁等，这类项目完全由政府财政预算投入，如果财政资金不足，则由政府向银行贷款；另一类经营性的或可收费的项目，政府允许企业进入，鼓励企业通过市场融资来建设项目，并提供一定比例的注册资本金。

②各级政府在项目的投资中有明确的责任与分工。对于影响重大的项目，主要由中央政府投资。对于一般性的城市基础设施项目，中央政府投资也占有很大比重，各级地方政府和企业承担相应的投资责任。

③政府掌握特许经营权的授予权。对于自然垄断行业，如自来水供应、燃气供应、污水处理等，在政府决定建设某一项目后，通过该行业若干企业之间的公平竞争，政府选择一家优势企业，特许其进入该项目的经营。政府与企业签订协议，保证政府确定目标的实现。法国从事城市基础设施运营的主要是一些具有一定垄断地位的全国公司，如城市交通、煤气、电力公司都是全国性的，参与各个城市的公交、供气、供电的经营管理。

④采取多种方式筹集建设资金。对于经营性城市基础设施项目，广泛采取银行贷款、BOT、融资租赁等国际通行方式筹集资金。

⑤法国城市基础设施建设资金来源广泛，主要有市镇税收、经营开发与分摊税、城乡规划税和开发税、国家拨款、银行贷款、企业投资、发行机构投资、发行长期债券以及保险公司老年保险等基金投资。

法国城市建设中的公用事业融资实行特许经营制度的历史十分悠久，积累了丰富的经验，在世界范围内得到推广应用，被世界银行称为"一种真正的法国模式"，对中国城镇化具有借鉴意义。

欧洲历史上就是城邦制国家，早在古希腊和古罗马时代，城市公用事业委托经营就已经有了雏形。在17世纪，法国人成功地应用委托经营方式，由私人企业建造军舰和港口等基础设施，迅速地发展了自己的海军；在18世纪，这种方式被用来修建运河和桥梁；在19世纪，这种方式被用来开发经营铁路、供水、照明、交通等城市公用设施；到了现代，尤其是20世纪70年代以来，这种做法更是形成了一种模式和理论，并广泛地应用于高速公路、供电、通讯、有线电视、城市供暖、垃圾处理、污水处理、停车场等设施的建设和经营，有时也应用于监狱的建设和经营。

从内容看，委托经营的内容各式各样，从设计、施工到经营、管理，可以是某一公用事业的全部，也可以是其中一部分。从发租者看，作为经营权发租者的行政机构也有很大的区别，法国的国家、省、市镇及其下属公共部门都可以作发租者，而且他们既可以单独也可以联合起来作发租者。从承租者看，可以是私营的，也可以是国营的，或者是公私合营的。

四、中国城镇化进程中的政府定位与制度创新

1. 需要与发展目标一致的根本性的制度创新

与国际经验的一个最大不同，我国的城镇化，是在相对固化的二元经济结构下推进的，存在生产要素限制流动、劳动力主体权利存在制度化差异等种种障碍。制度创新，应随着国家在不同时期城镇化发展战略目标和价值选择加以调整，这必然涉及到对原有城镇化制度与政策的创新与再调整。

要推进城镇化，就要推进城乡一体化，就要打破二元经济结构，因而户籍制度和土地制度首先就要被突破。户籍制度和土地制度的改革，不是简单的身份变革和生产资料属性的变革，而是一个国家公民的基本权利和发展理念的问题——被制度化剥夺的可行能力和权利需要逐步回归，特定历史条件下的差异化发展路径需要重入公平轨道。所以，落实到根本上，通过制度创新而服务于城镇化发展目标的过程，就是落实"以人为本"、"公平正义"发展理念的过程，其突出的特征，就是通过制度化的赋权，让公民享有平等的财产权（包括土地）、生存权、发展权和福利权。而这

也是培养具有可行能力的市场化主体、实现生产要素相对自由流动的前提。

当前的城镇化，经常被赋予推进产业结构升级和增长方式转变的期望。要实现这些宏愿，我们不得不思考如下的逻辑：农民只有获得平等的权利，如财产权、就业权、福利权，才能对未来形成稳定的预期，才能转变生活方式融入城镇化生活，在城镇化过程中获得足够的社会认同和自我认同，进而才能启动消费，拉动经济。这样一来，转变转变增长方式、调整产业结构、社会平稳转型才能成为城镇化过程中的应有之义。而其焦点在于土地制度的创新，在于让农民获得土地的资产性收益，这一资产性收益在于土地在城镇化过程中"红利"的合理分配。

制度创新是一个根本性问题，其他的任何手段都是技术性的策略方法，其效果如何取决于这个问题解决的程度。

2. 城镇化的系统解决方案、政府定位和市场化原则

中国要解决城镇化进程中容易出现的弊端，需要在既有投融资模式安排的基础上，参考国际上行之有效的办法，并充分考虑城市化进程中的各个利益主体，尤其是政府定位问题。要综合化地考虑在城市化进程中的"经济增长"的利益分配问题，在基础设施建设、社会保障、产业化促进引导（就业）乃至环境保护方面进行集约化的综合思考，也就是"四大红利"（资金）的跨主体间（各个利益主体、兼顾公平和效率）分配和跨期分配（长远、可持续）问题——因而其核心在于金融手段的综合与创新（主要是金融机制、金融产品的创新和运用）来实现对城市进程的支持，要更多地以市场化手段，充分利用三个层面的金融手段——依赖于制度创新的多层次的资本市场（如产权市场）、依赖于投融资机制创新的多种项目融资模式、依赖于金融工程原理的多种金融工具创新。

城镇化是一个系统工程，涉及到产业资本（包括加工制造产业、仓储物流业、农业产业、旅游产业、文化创意产业等）、金融资本（包括银行、证券、保险、信托、投资基金等）、政府部门（包括村级、乡镇、区和市级政府）、市场（资本市场、劳动力市场、知识产权市场、土地产权市场、

农产品批发市场、消费市场等)、农民等不同的主体之间的合作、博弈和协调,本身是非常复杂的。在这些主体当中,农民是一个核心的主体,也是一个最难得到正确处理的主体。农村城镇化过程中,如何安置好农民,如何保护和提升农民的福利,如何保证农民的就业和收入,是政府必须考虑的头等问题,其他金融安排、市场机制设计、产业链设计等,都必须围绕农民的解决来进行。

城镇化过程中,政府必将发挥重要的主导作用,这也是中国模式城镇化的特点之一。政府主导的城镇化模式,优点在于能够有效整合各种资源、迅速推动产业化和基础设施建设、有效保障弱势群体的利益等,但是对于政府主导的弊端,也要有充分的认识,有两点需要特别注意。

第一是政府自身的定位问题。城镇化的过程中,政府如何有效地整合各种资源,如何充分运用市场的力量、运用适当的金融工具来获得资本支持,从而满足城市化过程中的资本需求,并提升农村的产业层级,是政府必须考虑的大问题。在此过程中,政府的自身定位非常重要。政府在城镇化过程中要保持强有力的支持,但是介入的方式、介入的时机和退出的机制要有所考虑。如果解决不好政府的定位和退出机制问题,则会给后续经济发展制造很多障碍,影响经济发展。

政府的角色和功能应该定位于为农村城镇化提供必要的财政支持、在产业资本—金融资本—农民—各级政府之间起到协调和沟通作用、为产业资本和金融资本的整合提供必要的政策扶持、设计系统的市场运作机制和产业链、设计并推动农地征用和补偿方案并对农民进行有效搬迁、确保农民的福利在城镇化过程中不受到持续的明显的损害等等。

第二,市场化原则。政府在推进城镇化过程中必须注重运用市场机制,发挥市场的资源配置作用,用市场的杠杆来撬动各种资源、动员各种力量,而不要简单地使用行政权力,否则就会损害产业资本、金融资本和农民的利益。这样做的目的,一是确保城镇化方案的合理性和可持续性,使市场发挥基础性作用,保证城镇化的效率和效果;二是保证政府在城镇化过程中的适当介入度,不把各种矛盾集中在政府身上,尽量让各个市场主体之间达成彼此承认的合约,这样一旦发生问题,政府就处于一个中立的、比较主动的地位上，可以用法律的形式来界定合约双方的权利义务，而不是把自己置于矛盾的中心，这对于社会和谐和正确处理社会矛盾是非常有利的。

3. 城镇化进程的金融创新

金融支撑体系需要根据城镇化进程的不同阶段及其需要量身定做，因地制宜。城镇化进程大体可以分为三个时期：第一个时期是土地征用、失地农民补偿和社会保障体系建设时期；第二个时期是基础设施建设时期；第三个时期是产业链设计和发展时期。在这三个时期中，其面临的任务和政府政策重点是不同的，解决的方式和使用的金融工具也是不同的。

在第一个时期，其政策核心在于提升土地征用的效率，使土地的交易可以以市场机制来进行，并在土地征用的过程中维护和保障农民的利益，设计相应的农民社会保障体系，使农民在这个过程中利益不受损。土地的征用涉及补偿款的规模设计及政府和农民之间的协调，也涉及土地征用后土地的交易机制如如何安排。在土地征用和交易过程中，宁夏等地正在尝试的土地银行模式、重庆正在实践的地票交易方式等都可以总结研究，探索可以借鉴和推广的经验，并鼓励地方创新。在农民社会保障体系建设中，农民的养老保险、失业保险等都要同步进行，其保险费的筹集可以协调各级政府（包括村级集体组织）和农民等来进行。

在第二个时期，当土地征用基本完成之后，政府面临的问题是大规模基础设施建设，包括道路、电力、通讯、排水、公共设施等。基础设施建设一方面必须动用各级政府财政，因为这些基础设施建设大部分属于公共品，应该出政府来提供；但是另一方面，基础设施建设要提高效率，也可以运用合适的金融工具来实施。BOT模式是一种有效的模式，政府可以对企业进行招标，运用该模式进行建设，通过运营来弥补企业的成本并使其获得收益，再转让给政府作为公共产品，这些适合于城市周边的高速公路建设、电力和自来水等公共设施建设等带有稳定现金流的基础行业。对于大部分市政公共设施而言，可以采用资产证券化的模式，向社会公众发行债券，筹集社会资本，并用未来的收益来向投资者返还投资收益。

　　第三个时期的核心政策要点在于根据各个地区的比较优势，设计合理的产业链，使城镇化之后的经济增长模式能够有持续的竞争力，可以保障农民的就业，并可以吸引更多的社会投资。要利用城镇化的机遇，推动当地经济转型和产业升级。为此有必要通过信托投资基金、股权投资基金、建立股份合作制企业、建立大型的农民合作组织、建立新型金融机构等措施，把农民资金和社会资金整合起来，促进农业的产业化，促进乡村集体经济的转型，使城镇化之后的区域经济有大的发展后劲。城镇化不是目的，发展经济、吸纳就业、提升产业，促进经济与社会的可持续发展，提高人民的生活水平和福利水平，才是最终目标。

| 第五章 |

社区发展基金与金融反贫困

本章为王曙光和胡维金合作完成，发表于《农村经济》2012 年第 2 期。

一、引言

　　我国是一个人口大国，也是一个贫困大国，党和政府一直把缓解和消除贫困作为重要职责，并为之付出了艰苦卓绝的努力。《中国农村扶贫开发纲要（2001－2010年）》实施10年来，我国扶贫开发取得显著成就，农村贫困人口从2000年底的9423万减少到2009年的3597万，贫困发生率从10.2％下降到3.8％。随着"十二五"时期的到来，国家将大幅上调贫困线，受此影响，全国贫困人口将大幅上升，再回到9000多万甚至上亿都有可能。面对如此巨大的返贫压力，对反贫困问题的研究显得迫切而必要。

　　从金融的角度来研究反贫困问题，可以发现随着我国的金融发展，金融手段被越来越多地应用到反贫困过程之中，不仅传统的农业发展银行、农业银行、农村信用社等正式金融在发挥重要作用，形式各异的民间金融也在广袤的农村地区如雨后春笋般涌现，积极推动了反贫困进程。虽然应用金融手段的反贫困实践取得了显著的成绩，但是现有的文献大多集中于对具体金融反贫困模式的研究，对于深层的金融反贫困作用机制的研究却极为匮乏，因此本章借助前人关于金融发展、经济增长及收入分配关系的研究成果，对金融反贫困的作用机制进行了分析。进一步地，本章还通过对社区发展基金这种较为新颖的金融反贫困模式的理论与实证研究，对金融反贫困的作用机制进行了验证。

二、金融反贫困的作用机制

金融反贫困提倡通过金融发展来加快反贫困的进程，已经成为政府与民众的共识，并在现实中得到广泛的应用，但是对于其具体作用机制的研究却极为匮乏。笔者认为金融发展可以通过提高贫困群体的绝对和相对收入水平来达到反贫困的目的，具体的作用渠道如下。

1. 金融发展可以促进经济增长，进而增加包括贫困群体在内的社会全体成员的收入，实现贫困群体绝对收入水平的提高

关于金融发展与经济增长的关系，一个经典的理论就是麦金农和肖在20世纪70年代几乎同时提出的金融深化论，他们在各自的著作《经济发展中的货币与资本》和《经济发展中的金融深化》中表明，一国的金融制度安排对于经济增长来说并非是中性的，金融发展和金融自由化可以加快经济增长的速度，而金融抑制则对经济增长有严重的消极后果。后来的学者进一步研究了金融发展促进经济增长的机制，Romer（1986）、Lucas（1988）等的研究指出，金融体系可以通过改变储蓄率和储蓄再分配影响资本积累率，进而影响经济的增长；王曙光（2010）认为金融自由化和金融发展程度较高的金融体系对经济增长有着动员储蓄、配置资源、实施公司控制、进行风险管理、促进专业化分工与交易的功能。

关于经济增长与贫困群体绝对收入水平的关系，李石新（2010）认为该领域的论证大多建立在"涓滴效应"的假设之上，即在没有任何推进和确保减少贫困这一目标的特定手段和措施的情况下，经济增长也会提升国内经济活动，增加财政税收。前者会为贫困人口创造更多的就业机会，后者为增加政府支出包括针对贫困人口的转移支付提供足够的资金，这两个

方面都会提高贫困人口的绝对收入水平，从而对减缓贫困起到重要作用。从实证结果来看，Moser 和 Ichida（2001）、Dollar 和 Kraay（2002）、Kraay（2004）等的研究表明最贫穷人口的收入与总人口平均收入的增长之间存在着一一对应关系，经济增长会给包括穷人在内的所有人都带来好处。

2. 金融发展能显著增加金融服务对象的收入，进而影响整个社会的收入分配格局。如果能为贫困群体提供适当的金融服务，则可以实现他们相对收入水平的提高

关于金融发展与收入分配的关系，一种较为普遍的观点就是金融发展有利于缩小收入分配差距，支持这种观点的有 Galor 和 Zeira（1993）、Banerjee 和 Newman（1993）、Clarke 等人（2003）。Galor 和 Zeira（1993）构建了一个两部门跨期模型，认为工资水平较低的传统部门和工资水平较高的现代部门并存，个人只有通过人力资本投资以后才能进入现代部门工作，但是人力资本投资存在一个门槛。在金融市场不发达的情况下，穷人无法进行人力资本投资，只能停留在工资水平较低的传统部门工作；随着金融发展，金融市场向更多的人开放，穷人就可以通过获得金融支持进行人力资本投资，从而进入现代部门工作并提高收入水平，社会整体的收入差距也就会缩小。Banerjee 和 Newman（1993）分析了职业选择和收入分配的关系，认为不同的初始财富决定了个人不同的职业选择，进而导致了收入分配的差距。随着金融发展与信贷市场的不断完善，一些穷人就可能得到一定的贷款，从而改变自己的职业并获得较高的收入。Clarke 等人（2003）用 91 个国家 1960～1995 年的数据对金融发展和收入分配之间的关系进行了实证分析，得出了金融发展会显著缩小一国收入分配差距的结论。但是也有一些学者提出了不同的看法，比如 Maurer 和 Haber（2007）认为金融发展与深化并没有使金融向穷人和中小企业延伸。金融服务，尤其是信贷服务依然只是针对富人和具有某种政治联系的企业，并使他们的相对收入进一步提高。Greenwood 和 Jovanovich（1990）则用一个动态的模型对金融发展、经济增长和收入分配之间的关系进行了探讨，认为在经济和金融发展的早期，穷人由于不能加入金融中介而得不到较高的投资收益，社会的收入分配差距就会扩大；在经济增长的成熟期，穷人通过财富积累加入金融中介，和富人一样得到较高的投资收益，收入分配格局就会最终稳定在平等水平。

总结这些学者的研究可以发现，虽然他们对于金融发展与收入分配关系的看法并不完全一致，但有一个共同的结论就是金融发展可以显著提高那些享受到金融服务的群体的收入水平。当穷人能够享受到金融服务时，收入分配差距就会缩小，反之如果穷人被排除在金融服务的范围之外，则收入分配差距就会扩大。因此，如果能为贫困群体提供适当的金融服务，则可以实现他们相对收入水平的提高。

三、社区发展基金的理论与实践

在探索如何为贫困群体提供适当的金融服务，从而实现他们收入水平提高的过程中，社区发展基金（Community Development Funds）作为一种较为新颖的金融反贫困模式，在全国各地的试点中取得了良好的效果，被越来越多的人所关注。

1. 社区发展基金的含义及发展状况

社区发展基金通常作为社区主导型发展（Community Driven Development）的一个子项目出现，通过对社区居民进行赋权，并向他们提供小额信贷等金融服务，培养社区居民的权利意识、发展意识与自我组织、自我管理能力，最终结合社区综合发展的科技推广、医疗合作、公共品供给等其他项目，实现社区的独立和可持续发展。何广文（2007）认为其是一种不同于传统正式金融机构商业信贷、也不同于经典的扶贫小额信贷的农村社区居民自我实现的低成本的金融服务机制。

按照以上对社区发展基金的描述，我国出现最早的社区发展基金是

1993 年贵州草海自然保护区的"村寨发展信用基金"，后来安徽霍山县 1998 年成立的"社区基金"、香港乐施会从 1999 年起在西部地区实施的"社区发展基金"、财政部和国务院扶贫办从 2006 年开始推广的"贫困村村级发展互助资金"也都属于社区发展基金的范畴，其中以财政部和国务院扶贫办的"贫困村村级发展互助资金"最为普及，到 2009 年初已经发展到 28 个省的 4122 个贫困村，资金总规模达 6.6 亿元，累计向 8.6 万人次发放借款 3.1 亿元。

2. 社区发展基金蕴含的经济思想及制度优势

社区发展基金的一项主要内容是向贫困群体发放小额信贷，因而它秉承了小额信贷一直以来的一种思想：不需要慈善，也不需要政府养活，穷人完全可以借助市场的分工合作体系所形成的适当的金融服务，摆脱贫穷（尤努斯，2006）。传统观念认为，贫困群体的贷款需求数额小、数量多，对他们的甄别过程本身就极为复杂，极大地增加了贷款发放的操作成本，并且贫困群体普遍从事于农业生产活动，面临着由农作物收成不确定带来的系统风险与农业生产周期变化带来的流动性风险，还缺乏可以有效抵押的资产，因此面向贫困群体的信贷是一种低收益、高风险的行为。在这种观念的影响下，贫困群体大多被排除在正式金融的服务范围之外，减少了他们通过金融机制改变自身生活状况的机会。但是格莱珉银行的创始人尤努斯（2006）认为，所有人都有一种与生俱来的生存技能，最要紧的不是教给穷人们新的技能，而是努力去最大限度地利用他们现有的技能。使穷人得到贷款，就是使他们得以立即实践他们已经掌握的技能，而他们挣到的钱继而转变为一种工具，成为开启一系列其他能力的钥匙。王曙光（2008）也认为，小额信贷的核心是其商业性，它不是对资金需求者进行简单的慈善性的捐助，而是期望通过商业性的贷款，提高借款人的生产能力并产生商业性回报，从而实现小额信贷机构的自我维持和商业上的可持续发展，同时也内在地提高当地贫困人群的生活水平。

社区发展基金还是一种构建在社区基础之上，以社区自我组织、自我决策、自我管理为原则的金融服务机制，体现了参与式扶贫所倡导的赋权理念，这也是社区发展基金相对于以往的农村资金互助社、农村合作基金会等金融反贫困模式的制度创新和优势所在。赋权理念最早由 Sen（1981）提出，他以独特的视角分析了贫困的成因，认为贫困者之所以贫困，根本原因不在于资源的匮乏，而在于穷人应该享有的基本权利的缺失，比如获得基本教育、医疗、金融等服务的权利、交换的权利、自我组织的权利、自由迁徙的权利等。受到 Sen 的思想的影响，国际各级组织开始转变以往的扶贫方式，大力推广蕴含赋权理念的参与式扶贫，即通过让被扶助者主动参与到扶贫开发项目中，打破以往权利分配不均的格局，使他们获得发展的机会并形成持续发展。社区发展基金作为参与式扶贫的一种具体组织形式，在实施过程中始终把对社区居民的赋权放在首位，从而取得了其他金融反贫困模式难以达到的效果。

3. 社区发展基金的运作模式

社区发展基金的运作模式一般根据资金来源的不同而发生变化。参考何广文（2007）、饶小龙和唐丽霞（2008）、程玲和向德平（2010）等的分类，本文按照资金来源的不同将社区发展基金的运作模式分为内生模式和外推模式两种，而外推模式又可以具体分为非政府组织主导型与政府主导型两种。

内生模式的资金来源主要为社区农户自筹，其运作完全由社区农户自己组织实施。这种模式的优点在于能充分调动农户参与社区管理与决策的积极性，并且更有利于社区自我管理和可持续发展能力的培养，但是对社区的决策和管理水平有较高要求，而且往往受到资金缺乏的限制，因此通常作为社区发展基金的高级形式而存在。

外推模式是指社区发展基金的成立和运行是在外部力量的帮助下实现的，资金也主要由外部力量提供，并且根据外部资金来源的不同可以进一步分为非政府组织主导型与政府主导型两种。

非政府组织主导型的社区发展基金在我国出现最早，并且在基金的组织、运作等方面做了大量有益的探索，其中以香港乐施会的社区发展基金最为典型，其运作模式为：①乐施会选定准备设立社区发展基金的社区，并派出工作人员对社区进行前期宣传和知识培训；②在社区按照自愿原则成立互助小组，每组由5~8户农户构成，并通过民主选举成立社区管理委员会，由3~5个人组成，担任主任、会计、出纳、监督、记录等职，且至少有1~2名女性；③乐施会项目办协助各互助小组和社区管理委员会制定管理办法，主要包括基金与社区管理、信贷发放与使用等制度；④项目办按年度向社区管理委员会提供资金，由社区管理委员会具体负责资金的使用及回收，并把发放贷款所得的利息归入社区积累，归社区全体成员所有；⑤项目办对社区进行后续的管理培训和科技培训，帮助社区培养自我管理和自我发展能力；⑥随着社区积累的增多，项目办逐步减少对社区的资金供给，直至社区实现自身的独立和可持续发展。这种模式的社区发展基金的优点是思想和理念易于被民众接受，组织形式灵活多样，可以根据不同的情况做出相应调整；不足之处在于对非政府组织的依赖性很强，当非政府组织撤出后项目的持续性很难得到保证。

政府主导型的社区发展基金出现得比较晚，是在总结已有社区发展基金经验的基础上，由政府设立专项资金，并结合政府自身的特点和优势发展起来的，以2006年财政部与国务院扶贫办在全国展开的"贫困村村级发展互助资金"为代表。因此，这种模式除了继承以往社区发展基金的发放小额信贷、对社区居民赋权、培养个人发展能力等特点外，还加入了一些新的元素，比如把社区的发展目标与政府规划相结合，在社区管理委员会当中加入村委会成员，对与社区发展基金合作的机构在政策上予以照顾等。这种模式的优点是可以整合社会各方面的力量来参与社区发展，并且易于推广，最大的困难在于如何处理好行政手段与赋权之间的关系。

4. 社区发展基金反贫困的绩效分析——以禄劝为例①

云南的禄劝彝族苗族自治县成立于1985年，距离昆明城区90公里，截至2009年末，全县山区面积占98.4%，少数民族人口占30.5%，农业人口占98.4%，农民人均纯收入为2707元/年，是一个集农业、民族、贫

---

① 本部分数据来源于《云南统计年鉴（2006－2010）》与乐施会禄劝项目办公室的《乐施会社区发展基金统计报表（2006－2010）》。

困、山区为一体的国家级贫困县。香港乐施会从 1992 年开始在禄劝实施以农村扶贫为目标的乡村建设项目，1998 年以前主要向村民发放小额信贷以支持生产发展，但是出现了资金使用效率低、村民参与积极性不高及信用状况较差等一系列问题。1998 年之后，乐施会开始参照格莱珉银行模式在禄劝推行社区发展基金，至今运作良好，显著加快了当地反贫困的进程，主要表现在以下几个方面。

（1）社区发展基金较好地覆盖了所在社区的农户和贫困户

从贷款对象来看，社区发展基金较为广泛地惠及了所在社区的农户和贫困户。在 2007 年 3 月至 2010 年 3 月期间，禄劝一共在 4 个乡镇、9 个行政村的 29 个社区设有社区发展基金，贷款对象较为稳定，一直维持在 478 户贷款农户，占农户总数的 46.3%，其中贫困户 133 户，占贫困户总数的 57.3%。贷款农户数排在前 20 位的社区的农户及贫困户贷款率更加突出，秧草堆、祖宗箐、务茂德、李一、高山、汤三和板场等一些社区的贫困户贷款率甚至达到 100%。

从贷款额度来看，社区发展基金提供的贷款对于农户来说是一笔不小的资金，较强地支持了贷款农户的生产生活。以 2006～2009 年的数据来看，禄劝社区发展基金的户均贷款数额分别为 2605 元、1634 元、2024 元、813 元，在禄劝县同期人均 GDP 中的占比分别为 66.2%、33.1%、36.5%、12.9%，在禄劝县同期农民人均纯收入中的占比分别为 146.4%、80.1%、86.3%、30.0%。考虑到禄劝社区发展基金都是设立在离县城较远的贫困山区，人均 GDP 和纯收入要低于全县平均水平，因此如果把贷款数额与具体所在社区的人均 GDP 和纯收入相比，得到的比例将会更高。

（2）基金总额与社区积累持续增加，对社区的扶持能力不断增强

禄劝社区发展基金自成立以来一直保持着良好的发展势头，基金总额和社区积累持续快速增长（见表 5.1），这对扶持社区发展有着重要意义。首先，基金总额的扩大，意味着社区发展基金能向社区居民提供更多的金融支持，在贷款对象及贷款额度的选择上有了更多的可能。其次，社区积累作为社区居民的共同财产，它的增加直接提高了社区居民的福利，并且可以为社区公共项目的建设提供资金支持。

表 5.1　　　　禄劝社区发展基金的基金总额与社区积累增长情况　　单位：万元

	2006 年 3 月	2007 年 3 月	2008 年 3 月	2009 年 3 月	2010 年 3 月
基金总额	82.94	109.92	122.54	127.43	143.73
社区积累	9.04	9.38	14.98	18.44	21.10

（3）社区发展基金通过对社区居民的赋权，培养了他们的权利意识和发展意识

禄劝社区发展基金通过发放小额信贷这种与每户居民生产生活都息息相关的稀缺资源，并定期召开小组会议与社区大会讨论决定基金和社区的相关事宜，把社区居民紧密地联系在了一起。在社区发展基金的运作过程中，乐施会禄劝项目办一直贯彻着参与式扶贫的赋权理念，始终赋予社区居民知情权、参与权、决策权、监督权，规章制度的制定、社区管理委员会的选举、基金与社区积累的使用等都是由社区居民共同讨论决定。在具体项目的实施中，项目需求、可能遇到的问题、如何解决、如何管理等都由社区居民自行讨论并提出方案，项目办工作人员要做的只是协助他们分组。这种赋权的过程极大地调动了社区居民参与社区管理和决策的积极性，并在实施过程中逐渐培养了他们的权利意识和发展意识，使社区的精神面貌发生了极大改变。

（4）社区发展基金为社区农户调整产业结构与获得正式金融机构的贷款提供了可能

禄劝社区发展基金从 1998 年至今一直不间断地运作，为社区农户提供了可以重复获得小额信贷的机会，这对社区农户来说主要起到两个方面的作用。一方面，当农户重复借款达到一定程度后，对获得新的借款有了预期，就会安排产业结构调整，从而催生经济活动的多样化，收入也随之增加。在一定的资源约束下，经济活动的多样化和收入增加就会稳定地持续下去（何广文，2007）。另一方面，重复获得小额信贷的机会还促使农户保持良好的信用记录，为他们获得正式金融机构的贷款创造了条件。在以往的情况下，正式金融机构如农村信用社等不愿意向农户发放贷款，主要原因有两个，一是认为农户缺乏稳定的收入来源，未来的还款没有保证；二是农户没有可以用于贷款抵押的有效资产，一旦贷款发生问题，金融机

构将很难追究农户的责任。而通过多年来与社区发展基金的重复借贷，绝大多数的农户保持了良好的信用记录，证明了自己是可以获得收入，并保证按时足额还款的。进一步地，社区发展基金的社区积累属于全体社区成员，是社区的公共财产，虽然社区发展基金不能作为法人直接向其他金融机构贷款，但是可以用自身的社区积累为社区农户的贷款提供担保，解决了正式金融机构向农户发放贷款的后顾之忧。

（5）社区发展基金使社区居民的生活状况发生了显著变化

以汤二社区为例，该社区属于翠华乡汤郎箐村委会，现有 57 户居民，其中贫困户 4 户。其社区发展基金成立于 2002 年，截至 2010 年 3 月累计向社区农户发放贷款 33.2 万元，2007 年以前的农户贷款率在 30% 左右，2007 年以后一直保持在 70% 左右。经过近 10 年的发展，社区居民的生活状况发生了巨大的变化，表 5.2 显示的是乐施会禄劝项目办公室对居民生活状况变化的一些记录：

表 5.2　　　　　　　　汤二社区居民生活状况变化情况

内容	2001 年	2007 年	2009 年
家用拖拉机（台）	1	20	24
摩托车（辆）	无	7	21
粉碎机（台）	无	14	38
室内地板（户）	无	57	57
草房	10 户	1 户（老人）	1 户（老人）
牲畜圈	全部是木头垒起	30 户建盖了圈舍	57 户建盖了圈舍
玉米亩产量	最好的 300 公斤	最好的 500 公斤	平均 550 公斤
户均经济毛收入	1000 元	4000～5000 元	6000～8000 元

横向进行比较，从 2001 年到 2009 年，禄劝县的农民人均纯收入从 1255 元增加到 2707 元，年均增长率为 14.5%，汤二社区居民的收入增长速度明显高出许多。至于其他社区的情况，用汤二社区居民的话来说就是"比汤二变化大、发展快的也还有"。

四、结论与启示

  本章对金融反贫困的作用机制进行了分析，指出金融发展可以促进经济增长，进而提高贫困群体的绝对收入水平，但是只有当贫困群体享受到金融服务时，他们的相对收入水平才能提高。因此，我们在经济与金融发展的过程中，应该为贫困群体安排适当的金融服务机制以加快反贫困进程。进一步地，本章对社区发展基金进行了理论与实证分析，指出社区发展基金作为一种结合了小额信贷与赋权理念的金融反贫困模式，较好地满足了贫困群体的金融需求，并且对培养他们的权利意识与发展意识起到了积极作用，最终显著提高了他们的绝对和相对收入水平，较好地验证了金融反贫困的作用机制。

  本章的结论对金融反贫困的制度安排有一定的启示。首先，社区发展基金作为一种民间金融，经历了从非政府组织发起到由财政部和国务院扶贫办在全国范围内推广的过程，表明民间金融具有强大的创新能力与其存在的合理性，社会各界应该对其持鼓励和支持的态度。至于民间金融本身存在的不规范、高风险、高利率、隐秘性、不易监管等一些弊端，从西方国家的经验来看可以通过制度创新来加以规避。其次，我国当前处于民间金融发展的初级阶段，存在着大量的民间金融形式，有的能对经济发展与反贫困起积极作用，有的则会扰乱金融秩序、破坏社会安定，对他们不能一概而论，而应该疏堵结合、分类管理，因此政府应该制定相应的法律法规，保障并规范民间金融的发展。最后，民间金融作为正式金融的有益补充，活跃了农村金融市场，在一定程度上对农村经济发展与反贫困起到了积极的推动作用，但我们应该清醒地意识到，正式金融才是农村金融的主体，只有正式金融完善了自身的发展，并切实加强对"三农"的支持力度，才能强有力地促进农村经济发展并加快反贫困进程。

第六章

农信社改革顶层制度设计
与地方创新

一、农信社省联社定位与县级联社
独立法人地位

对于省级联社在县级联社经营中扮演什么样的一种角色和定位问题，决策部门和学术界争议很大。很多人认为县级联社的资金规模很小，面临服务"三农"的困境，如果县级法人管理权限上收，会使经营方向也上收，可能背离"三农"。省级联社如何处理这方面的关系，如何调动县级联社的积极性，是目前必须讨论清楚的问题。

省联社体制在 2005 年之后逐渐在全国推广，管理体制的变迁对中国的农信社绩效和经营模式产生了深远的影响。省联社体制的推行，其实质在于将省级政府作为农信社改革的核心推动力量和终极风险承载主体，省级政府因此在农信社改革过程中有了更大的话语权和操作空间。各地农信社的改制很大程度上是由省政府说了算的，尽管银监会在政策上有指导权。省联社既是一级法人，可以进行经营活动，同时也承担着行业管理职能，对县级农信社有直接的管辖权、人事的任免权以及经营管理上的介入权。造成这种局面，是客观形势使然，因为省级政府既然已经成为风险的终极承担者，就必然要有相应的话语权。省联社所承担的重要角色，有利的一面，也有弊的一面。利的一面在于，省联社的成立使得各个县域的农信社的分散力量得以整合，省联社因其较高的地位而发挥了整合区域内资源的作用，这是单一的县级联社所难以做到的；同时由于省联社的领导往往曾是各省区的高官，其游说中央政府和省级政府的力量比较强，可以为省级农信社和县级联社争取到更多的政策方面的优惠与倾斜，这是县联社难以做到的。但是弊的一面在于，这种模式容易强化省级联社法人的地位，而削弱县级联社的法人地位，有可能使农信社的服务脱离三农。这个可能性是有的。但话说回来，县级联社假如没有省联社的支持，其信贷能力将会受到很大削弱，其生存质量会很差，谈何支持三农。所以从总体上来看，省联社的体制还是利大于弊。要兴利除弊，就要进一步强化省联社的服务、指导、协调、培训、政策支持、监督管理等方面的功能，而弱化其经营功能，省联社应更多地给县级联社放权，少直接干预其具体经营活动，这样就可以基本保持县域联社的独立地位，调动其积极性，使其更好地支持三农。据本人在很多地区的实地调研，大部分县级农信社还是非常支持省联社体制的，省联社的作用不可替代，也不可低估。

有人认为单一的农村信用社县级法人模式封闭在一个框定的小区域内，不利于农村金融的发展，也不利于支农作用的发挥。为了更好的发展与生存，有的县级联社已经开始走上合并重组的商业化经营道路，这些举动是可以理解的。在如何看待县级联社合并重组与保持县级法人地位稳定要求之间的矛盾，如何在商业化与服务"三农"之间找到平衡点方面，笔者的基本看法是应该因地制宜，不要全国一刀切。"保持县级法人地位稳定"是我国农信社改革的一条基本原则，制定这个原则的初衷是想增强县级联社的独立地位，使其更好地服务三农。这个原则从大的方向上来说是有道理的。但是在如何理解这个原则方面，却有不同的看法。有的监管部门把这个原则性的东西绝对化，理解为"绝对保持县级法人地位稳定，不允许有任何改变"，这样的理解我个人认为是不妥的。中国地域广大，有2500多个县份，这些县的情况有很大的差异性，一刀切的思路不可能适合于全部的县份，因此必须在坚持基本原则的情况下因地制宜，尊重各地的创新，允许有一定的灵活性。有些地方比较贫困落后，县级联社的实力非常弱，在这种情况下，保持县域法人的稳定性就是一句空话，这些县份本身经济发展滞后，县联社的支农能力不足，保持其法人地位稳定性没有任何实际意义。因此，在基本保证县域法人地位稳定的前提下，也要尊重市场规律，允许个别地区在兼并、重组和资源整合上有所创新和突破。僵化地理解"保持县级法人地位的稳定性"，只能使农信社的改革停滞，制约了农信社服务三农的能力，与其初衷背道而驰。要辩证地看这个原则，允许地方创新。

至于县级联社如何改革才能既有助于"县级法人地位"的长期稳定，又有助于提高其服务"三农"的能力，我认为，县级联社的出路在于深化产权改革和管理体制改革。在产权方面，要吸引更多的民间资本参与到产权结构中来，民间资本的更多参与不仅可以增强农信社资金实力，还可以大大改善农信社的内部治理结构，使激励约束机制更加合理有效。投资股的比例要提高，单一投资股的规模也要适当扩大，使得农信社的股权结构可以适当集中一些，改变过去股份过度分散所造成的治理结构失灵、内部人控制的情况。在一些有条件的地方，可以引入战略投资者，这样更可以优化产权结构，提升经营效率，把更先进的经营机制引进来。在管理体制改革方面，要强化省联社的协调和扶持功能，尤其是帮助那些经营较差的信用社摆脱困境，剥离不良资产，为其注入新的活力；在一些有条件的地方，可以考虑组建省级的统一法人，使全省一盘棋，结束县级小法人各自为战而又战斗力差的局面。

农村信用社的风险是个大问题，不仅因为长期以来的历史包袱，我们还应重视农村信用社可能面临的新风险。目前很多县级政府将县级信用社联社看作金融资源的主要来源，农信社贷款基本占到了县级平台公司贷款的 70% ~80% 左右。融资平台公司的过度扩张的道德风险会直接导致农村信用社新的经营风险。农信社近几年的经营机制有了明显的变化，其经营的独立性在增强，地方政府的行政干预和不当介入越来越少，农信社的运行环境得到极大改善。但是不可否认，仍旧在很多地区存在着地方政府过度干预农信社的情况，农信社被当作当地政府的"钱袋子"，充当了地方政府的融资平台，给农信社带来很大的潜在风险，也极有可能造成区域性的金融风险。要减少甚至杜绝地方政府对农信社的不当干预，就必须从以下方面着手：第一，强化农信社的管理层的风险责任，建立信贷风险追究和惩罚制度，一旦管理层和信贷部门因为县级融资平台的原因而造成不良后果，要追究相关人员的责任；第二，各级监管部门要对农信社充当县级政府融资平台的现象保持高度警惕，进行严格的监管，从源头上进行控制；第三，要建立相应的担保机制，保障农信社为地方经济服务的同时降低经营风险,既可以建立政策性的担保公司,也可以建立商业性的担保机构。农信社充当了地方融资平台,其原因说到底还是因为其产权结构不合理,它还不是一个完全市场化的经营主体,还带有很明显的官方色彩,因此地方政府干预就不足为怪。要从根本上彻底消除这种现象,还要从改革产权入手。

二、民间资本参与高风险农信社重组与农村金融存量变革

农信社改革是我国农村金融体系存量改革中"最难啃的骨头"之一。继 2010 年 8 月农行成功上市从而走出股份制改革的关键步伐之后,银监会又在 9 月 1 日出台了《关于高风险农村信用社兼并重组的指导意见》(下称《指导意见》),这两个事情都是关乎农村金融体系存量改革的重大举措,其意义非同小可。《指导意见》的总体思路,是试图借助金融机构和民间资本的力量,对高风险农信社进行"输血式改造",从而不仅有效化解了这部分高风险农信社的经营风险,改善其生存状况,而且可以通过其他金融机构和民间资本的注资,极大地改善这部分农信社的法人治理结构,诚为一举多得之策。不论如何,这个《指导意见》的出台是值得肯定和值得欢迎的,必将对我国农信社体系的改革发展以及整个农村金融生态带来深刻的影响。

近年以来,我国农信社改革突飞猛进,2003 年国务院《深化农村信用社改革试点方案》公布,拉开了新一轮农信社改革的序幕,从那时开始,我国农信社体系发生了积极的变化,改革取得了明显的成效。尤其是农信社的产权结构发生了深刻的变化,产权多元化的态势逐渐清晰,农信社的法人治理结构和经营机制有了明显的改善。同时,中央通过票据置换等手段,为农信社解决了历史包袱问题,使农信社可以轻装上阵,与其他的金融机构展开平等竞争。现在,农信社的整体资产质量和经营绩效有了明显

的改观，很多地区的农信社已经走过了最艰难的阶段，开始走向良性发展的轨道，甚至相当数量农信社在县域金融体系中已经占据了主导地位，成为县域金融和农村金融的主力军。

但是，农信社改革还远未完成，它所面临的挑战和不确定性还很多，其中部分农信社由于历史包袱沉重、地方经济发展滞后、经营管理方式落后等原因，出现严重资不抵债的现象，不仅自身难以为继，也对地区金融安全造成影响。据监管部门数据显示，处于监管评级六级以及5B级并且监管指标一直存在恶化现象的农信社，2007年末有585家，2008年末419家，2009年末212家。央行数据显示，截至2010年6月末，全国共组建以县（市）为单位的统一法人农村信用社2023家。占比仅约占全国农信社总量10%的高风险农信社的不良贷款却比较沉重，不良贷款率超过30%。在这种情况下，如果简单地以这些机构资不抵债为由而使其强制性退出市场，则不仅有可能引发局部的金融动荡，而且使本来覆盖面就很低的农村金融体系又损失了一些金融机构，导致农村金融服务的空白点有可能再度增加。考虑到这一后果，监管部门引入外部力量，使这些"休克鱼"起死回生，是很高明的一招。之所以说是"休克鱼"，是因为这些机构虽然资产质量较差，但是却基本具备较好的网络基础，有比较完善的设备，有具备经营管理经验的人力资源，有自己的客户基础及其与当地百姓的天然联系。这些都是宝贵的资源，一旦这些"休克鱼"被激活，这些资源都会发挥正面的作用。

这一举措的最核心意义在于改善高风险农信社的产权结构，通过吸引民间资本和现有法人机构的资金，使农信社产权结构多元化。2003年以来农信社新一轮改革的一个带有核心性的原则，就是产权结构多元化原则。即为了充实农信社资本金，扩大农信社经营规模和增强经营实力，鼓励各信用社吸引更多的社会资本进入其产权结构，尤其是吸引那些民间资本进入农信社。现在，在农信社体系的产权结构中，资格股已经在慢慢消失，投资股在逐步增加，民间资本开始慢慢进入农信社，这些都潜移默化地改变着农信社的内部治理结构，很多信用社还引入了战略投资者。产权结构多元化原则实际上是一箭四雕：第一是提高了资本充足率，使之符合巴塞尔协议和监管部门之基本要求；第二是增强农信社的经营实力，使之在市场中更具竞争力；第三，可以充分调动和激活民间资本，使民间资本阳光化。第四，产权结构多元化还可以使农信社内部治理结构逐步完善。

《国务院关于鼓励和引导民间投资健康发展的若干意见》（国发〔2010〕13号）要求扩大金融领域对民间资本的开放，尤其是鼓励民间资本进入农村金融领域，这对于我国经济增长和金融业发展都具有重要意义。此次《指导意见》的推出，在民营企业中已经引起了较大的反响。在《指导意见》中，民间资本可以参与高风险农信社的并购重组，同时为了进一步加大优质企业参与兼并重组的力度，《指导意见》将单个优质企业及其关联方入股一家高风险农村信用社的比例由10%放宽至20%，同时规定作为化解风险的阶段性措施，持股比例超过20%的，随着并购后农村信用社经营发展进入良性轨道，其持股比例应有计划逐步减持至20%。应该说，银监会的这些规定，既考虑到激励民间资本的热情参与，又考虑到农信社的风险控制，用心可谓良苦。《指导意见》一发出，民营资本立即对这一信息做出了积极的回应。据报道，嗅觉灵敏的温州资金就伺机而动，表示农信社兼并重组向民间资本开放是一个难得机遇，温州资本将会积极介入。这说明，民间资本对进入金融业有很迫切的愿望，而《指导意见》正是给了民间资本一个获得银行牌照的机会。现在，很多民间资本开始慢慢进入到农信社的并购重组过程中，有的省份进展很快。民间资本的进入，相信会极大地改善我国农村金融的供给状况，丰富农村金融市场竞争主体的多元性，对提高农民的信贷可及性、缓解农村信贷约束意义重大。

当然，作为渐进改革的一部分，《指导意见》在并购方持股比例的等方面的规定还显得有些谨慎而保守，但这一谨慎姿态，在当前金融环境下也许是必要的，对此不应有过分苛求。值得讨论和忧虑的倒是该举措进入具体实施阶段之后的事情，即对于那些资产质量极差的农信社，民间资本和现有金融机构是否真的有那么大的激情去"挽救"，而一旦实施了"挽救"，其效果又将如何，会不会出现救人者反被拖下水的消极情况出现？这些问题值得进一步加以讨论。

三、民间资本参股农商行：
一箭四雕的多赢之举

农村合作金融体系的改革是我国农村金融改革中最重要也是最艰苦的一环，对历史悠久且承担重要支农使命的农信社进行制度变革已经成为地方政府最感棘手的事情之一。2003 年以来，农信社改革进入了深化阶段，各地的创新模式不断涌现，农信社的命运迅速扭转。2003 年 6 月 27 日，在江苏省农村信用社改革试点的基础上，国务院出台了《深化农村信用社改革试点方案》，决定扩大试点范围，自此拉开了新一轮农信社改革的序幕。该方案明确指出："按照'明晰产权关系、强化约束机制、增强服务功能、国家适度支持、地方政府负责'的总体要求，加快信用社管理体制和产权制度改革，把信用社逐步办成由农民、农村工商户和各类经济组织入股，为农民、农业和农村经济服务的社区性地方金融机构。"8 年过去了，农信社在新一轮改革的推动下，资本充足率大幅提高，抗风险能力有了较大变化，不良贷款率下降，资产质量明显改善，初步结束亏损局面，经营效益显著好转。

但是，直到现在，沉重的历史债务包袱、单一而模糊的产权结构、低效的内部治理，以及僵硬的管理模式，仍旧束缚着农村合作金融的进一步发展和壮大。近来，一些由农信社改制而成的农村商业银行大胆引进民间资本，为农信社体系注入了新的生机与活力，大连农村商业银行就是其中一例。2011 年 5 月，筹建中的大连市农村商业银行面向社会正式征集投资者，以总额 40 亿股，每股 1.7 元吸引民间资本入股。大连产权交易所发布的一则公告称："大连市一地方法人金融机构现向社会征集投资者，欲投资入股者请与大连产权交易所联系洽商。投资者应当符合中国银行业监督管理委员会 2008 年 3 号令及银监会规定的其他审慎性条件。"这一纸公告无疑为广大民间资本发出了一份颇有感召力和诱惑力的动员令。从《大连农村商业银行股份有限公司征集发起人说明书》可见，大连市农商行的组建工作已进入集中征集发起人阶段。按照改制方案，组建中的农商行本次将募集40亿股，股份价格1.7元/股，其中1.00元为股份发行价格，0.7元为发起人另行出资，形成专项资金共28亿元。

大连农村商业银行吸引民间资本入股，可谓一箭四雕的多赢之举。

首先，民间资本的入股将为化解历史包袱起到重要作用。按照银监会关于组建农村商业银行的准入条件，大连市农村商业银行的组建改革方案通过市区（县）两级政府出资，一次性现金等额收购农信社25亿元不良贷款；同时募集资本金40亿元，每股另出资0.7元形成28亿元专项资金，用于核销农信社历年亏损挂账等，使农信社彻底卸下历史包袱。改革方案实施后，由政府和股东出资，一次性核销处置历史包袱53亿元，增加注册资本金40亿元。一旦甩掉历史包袱，大连农村商业银行将以新的面貌出现在客户和存款人面前，其商业化运作将更加有效率，在市场上也将更具竞争力。

其次，引入民间资本也将极大地壮大大连农商行的资金实力。此次大连市农商行发起认购的全部股份将作为资本金，用于满足农商行正常经营对长期资金的需要。民间资本进入农信社，可以充实农信社资本金，扩大农信社经营规模，这样既提高了资本充足率，使之符合巴塞尔协议和监管部门之基本要求，同时也增强了农信社的经营实力，使之在市场中更具竞争力，此外还可以充分调动和激活民间资本，使民间资本阳光化。

再次，吸引民间资本入股农商行还可以使产权结构实现多元化。现代农村金融制度要求农村金融机构必须具有完善合理的产权结构，合理的产权结构是农村金融机构保持充分活力与竞争力的重要条件之一，而产权结构的单一化有可能导致农村金融机构的行为扭曲。在合理的产权结构中，尤其应该强调民间资本对农村金融机构的参与程度。而尽量吸收民间资本进入正规农村金融机构，不仅有利于动员资本和扩张农村金融机构资金实力，而且有利于农村金融机构保持灵活的经营机制。

最后，吸引民间资本入股农商行的最终目的是改善法人治理结构，建立一个真正有效的激励和约束机制。完善的内部治理结构，意味着农村金融机构的控制权处于一种均衡的状态，这种均衡状态可以保证提供良好的约束机制，使得农村金融机构的决策行为不至于扭曲。这就必然要求其内部治理结构符合现代企业制度的要求，在农村金融机构内部，董事会、监事会、理事会、股东（社员）代表大会等机构各负其责，互相制衡，各自担负起自己的权利与义务。这些要求，与现代公司治理的一般要求是基本一致的。如果不引进民间资本，则农商行很难实现有效的公司治理。

综合以上四个方面，可以说，大连农商行引入民间资本可谓下了一着好棋。未来的农村合作金融体系改革，应该充分发挥各地的创造精神，尊重各地的自主选择权利，本着"因地制宜、多元并举"的方针，让地方政府的积极性充分发挥出来。地方政府从某种意义上成为农信社风险的最终承担者，地方政府担负着巨大的责任，因此，如果不给地方政府以充分的自主选择权，就难以调动它们的积极性，因为权利和责任总是相对等存在的。同时，我们也要赋予各农信社（尤其是县域农信社）以一定的自主选择权，使它们在改革过程中有权力决定自己的产权结构、经营方式和内部治理结构。另外，大连农商行在未来定位于跨区域竞争，并预期成为上市的公众公司，这些改革方向，都是值得鼓励和尝试的。

四、农信社改革的"海南模式"：内涵与示范效应[①]

海南省农信社改革在全国具有某种象征意义。从一个资产质量较差、经营绩效欠佳、改革相对滞后的农信社，一跃成为全国农信社改革的排头兵，使改革逐步走向深化，积累了不少的先创性经验，探索出了一条具有区域特色的海南农信社改革模式，其中的很多制度创新值得总结和推广。

海南模式的内涵可以归结为以下几点。

---

① 本节为王曙光与朱亦军合作完成。

第一，采取立足县域，以小额信贷为突破口，全方位覆盖的小额信贷发展模式。率先在全国建立了省、市（县）、乡（镇）三级小额信贷管理和服务体系。在小额信贷推广过程中，海南农信社引进高素质人才、上门服务、制定工作准则、制定工作流程、建立了薪酬与效益、业绩联系的正向激励机制，严密风险内控机制，从而极大地提高了服务质量，改善了服务风气，升华了服务理念。

第二，地方政府的大力支持。包括出台优惠政策，鼓励财政性资金存款，创新金融服务产品，以及对小额信贷实行专项贴息等，鼓励小额信贷业务的发展，从而带动农信社的发展壮大。

第三，改革模式创新。省级联社捆绑当地一个业绩优良的机构组成农商行。以资本为纽带，并参、控股下级县级联社，构建覆盖全省的经营网络。

第四，坚持商业化的股份制改革的市场化任务与服务"三农"的政策性任务相结合。组建后的农商行既坚持服务"三农"，立足县域经济，同时又引进战略性投资者，走真正的商业化道路。

海南农信社的制度创新对当地金融体系产生了积极的影响。第一，资产质量改善等重要指标进步度全国农村中小金融机构排名第一；全省农信社也实现扭亏为盈；存款余额逾300亿元，贷款余额近200亿元，从筹备之日起双双实现翻番；第二，建立"五包三挂"机制，实现了不良贷款和不良率的"双降"；第三，存贷款增量占全省金融机构存贷款总增量的比重加大，在全省的金融体系中占有重要地位；第四，构建起小额信贷业务的长效机制，支持"三农"的功能不断增强。因此，海南农信社改革对于区域经济发展和农民收入增长都产生了积极的效应。

"海南模式"能否在全国复制？我认为，中国幅员辽阔，各地经济发展水平和经济结构有很大差异，任何一个模式都不可能"包打天下"，放之四海而皆准。但是"海南模式"在某种意义上来说还是有很大的示范效应，一些经验值得其他省份借鉴。第一，农信社最主要业务是满足农民一家一户小额信贷的需求，这种量小面广的金融业务，是任何商业金融机构避之唯恐不及的。但是，海南在农信社改革中，以小额信贷业务为突破口，极大地支持了"三农"在全国具有先锋模范的带头作用，具有示范效应。第二，改革过程中的产权模式创新，既不同于以省（市）为单位大而全的统一法人组建农商银行的模式，也不同于几个农信社通过简单合并联合组建农商银行的模式，而是以资本为纽带，成为下属各县市联社的控股股东，引进战略性投资，建立完善健康的小额信贷长效机制，能够保证有充足资金来支持小额信贷业务的继续。这种产权模式在目前全国农村金融改革模式中具有先验性，与"黄河农商行模式"改革路径类似，可为全国农村金融改革探索新路。农信社改革的核心是产权改革，只有产权改革到位，农信社才会建立真正的激励约束机制，真正构建完善的内部治理结构，也才能走上良性发展的轨道。通过产权改革，建立现代化的法人治理结构，同时也有利于增资扩股，吸纳更多的资金注入，扩大规模，给"三农"提供更多的资金支持；有利于建立风险控制机制，抵御风险，规避不合理的行政干预，确保经营的稳定性和持续性。这两条经验，应该说对于大部分农信社来说都具有普适性。

但是海南农信社改制为农村商业银行以后，并不意味着万事大吉、一劳永逸了。现代化股份制产权的建立，需要时间成本；内部控制及治理结构的转变，需要转制成本；股份制下追求利润最大化与支持"三农"的冲突的解决与平衡也需要长时间的探索；基层联社如何体现经营自主权等问题也需要进一步思考。在经济不太发达的海南组建股份制的农商行等金融机构能否真正取得预期的成功，还有待时间检验。

五、西藏农村金融的增量革新：
西藏银行组建的意义

2011 年 7 月，恰逢西藏自治区成立 60 周年，银监会正式批复筹建西藏银行，该银行将是西藏自治区首家地方法人银行机构，也是自治区成立的第一家股份制商业银行。这在西藏金融发展史上是一个里程碑式的事件，必将对西藏的稳定发展起到极为重要的作用。

近年来，西藏农牧民的生活水平有了较大的提高，贫困状况得到明显的改善。西藏地区的发展，是一个关系我国经济社会发展全局的重要问题。正如胡锦涛同志 2010 年 7 月在西部大开发工作会议上指出的："没有西部地区的稳定就没有全国的稳定，没有西部地区的小康就没有全国的小康，没有西部地区的现代化就不能说实现了全国的现代化。逐步缩小地区发展差距，实现全国经济社会协调发展，最终实现全体人民共同富裕，是社会主义的本质要求，也是关系我国发展全局的重大问题"。促进西藏的稳定发展，要从经济、社会、文化等各个方面综合考虑，其中以金融手段支持西藏的经济社会发展，以金融作为反贫困的重要工具，是一个不可或缺的重要思路。

多年来，笔者在宁夏、广西、新疆、内蒙古、贵州、西藏等少数民族聚居的地区作过很多农村金融调研，这些地区迅猛增长的农村经济和农民对金融服务的强烈需求同当地农村金融服务供给的严重短缺形成强烈反差。多年的田野调查工作使我认识到，边远少数民族地区的社会稳定与民族和谐的基础是民生建设，民生建设的基础是发展民族地区经济和有效消除贫困，而发展民族地区经济和消除贫困的基础之一是建立系统的农村金融反贫困政策框架，并用制度化的手段保障金融反贫困的推进。

整个西藏地域辽阔，经济发展水平的区域差异性明显，这使得农村金融发展和农村金融机构的生存状况也有很大差异。居民的分散使农村金融机构的成本增加，局部地区经济发展水平的滞后也加剧了农村金融机构的生存困境。从总体来说，西藏农村金融服务的供求矛盾要超过大部分内地省份，农村金融服务的空白点也更多。作为反贫困的重要途径之一，金融体系不发达对农村发展的制约作用极为明显。目前，西藏自治区仅有工行、农行、中行、建行和邮政储蓄银行等 5 家商业银行的分支机构，没有农村信用社，且大部分银行分支机构集中在地（市）以上，县以及县以下金融体系发育不完全，金融机构数量少，金融服务的覆盖面小，很多农牧民和中小企业难以获得基本的金融服务。但并不是没有打破这个僵局的方法。通过国家的财政支持，通过区域内的农村金融机构产权的多元化和动员当地的资本，通过东部的资金流动和东西部的资本整合，西藏地区的金融服务供给状况会大为改观。筹建中的西藏银行以新发起的方式设立，初定募集股本15亿元人民币，由西藏自治区政府、国内知名银行业金融机构及区内外优质企业等15家单位共同出资组，并引进交通银行作为战略投资者，帮助其按照现代商业银行的制度建立公司治理结构和经营模式。股权结构的多元化，战略投资者的引进，再加上中央和地方的财政支持和政策扶持，西藏银行的发展壮大就有了一个基本的前提。

西藏银行的筹建也意味着西藏的扶贫模式发生了深刻的变化。以往的扶贫模式更多的是救济式扶贫，即各级政府直接把粮食、衣物或现金等无偿分配给贫困农牧民，帮助贫困人口渡过难关，同时不追求任何回报。这种方式也被称作"输血"式扶贫，主要用于生活救济和财政补贴。救济式扶贫最大的特点就是无偿和不追求回报，这种方式在扶贫初期会取得良好效果，但是随着扶贫工作的推进，有的脱贫户因为"输血"中断而再度陷入贫困状态。现在，西藏的救济式扶贫应该逐步向能力增进型扶贫转化。能力增进型扶贫着眼于提高贫困人群的可行能力。信贷扶贫是能力增进型扶贫的重要方式之一，也称为"金融反贫困"，它通过赋予贫困人群一定的信贷资源，使其拥有自我发展的能力。按照发起机构的不同，民族地区的信贷扶贫可分为以下三种：商业性正规金融机构信贷、政府扶贫型信贷、非政府组织主导的社区发展型信贷（如社区发展基金）。通过金融手段进行反贫困，可以极大地促进西藏农牧民人力资本水平的提升，增强其收入增长的可持续性和内生性，能够最大限度地激发农牧民自己的潜能，同时可以增强贫困人群的尊严感和摆脱贫困的自我成就感，比单纯的"救济"更为有效。

因此，西藏银行的成立是西藏金融反贫困的一个新的起点，必将为西藏的跨越式发展提供强劲动力。当然，西藏金融市场的发展和金融体系的完善还可以有更广阔的思路。

第一，西藏应该大力吸引东部发达地区的资金，鼓励这些东部的资本过来设立村镇银行，尤其鼓励它们在县以下和乡镇以下的金融空白区开设分支机构。新疆引进浙江的民间资本而设立的五家渠国民村镇银行就是一个成功的例证，东部和西部在这场"联姻"中获得了双赢，东部的资金注入了西部，增加了西部的信贷服务总量，而且激活了西部的存量资本，促进西部居民收入的提升，同时西部的跨越式发展也为这些东部资本找到了增殖的最佳渠道。

第二，西藏还应该建立多层次的农村金融体系，要继续鼓励在西藏贫困地区和金融服务空白区发展新型金融机构，鼓励农民资金互助组织、小额贷款公司的发展。光有大银行是难以满足基层农牧民的需要的，还应该有大量的小型金融机构。

第三，采取措施鼓励现有的商业银行继续增设服务网点，加大金融服务的供给力度。公共财政对西藏农村金融机构的支持还要加大，因为从某种意义上讲，农村金融机构可持续发展的能力提升了，就可以为农村居民提高收入和农村发展提供更多的信贷支持，而西藏农村居民收入的提高和农村发展本身，就可以为当地社会稳定和民族和谐发展提供强大助力。政府就应该动用公共财政的力量加大对新疆农村金融机构的扶持。这些扶持包括对其日常经常费用的补贴、对贷款农户利息支出的补贴、对农村金融机构税收的减免，以及为改善其运营环境而进行的政策倾斜等。

第四，政府应帮助西藏农村金融机构提升人力资源质量，加强培训力度，以改进其服务水平，提高农村金融机构信贷人员和管理者的素质和经营能力。在西藏这样一个自然环境多样、地域广阔、农牧民普遍知识水平还不太高的地区，农村金融机构的可持续性在很大程度上取决于员工素质，政府应承担对农村金融机构进行人力培训的责任，同时也应下气力对西藏农牧民进行金融知识教育，提升农牧民的金融知识水平和信用意识，改善当地的信用环境和农村金融生态。对于西藏边远贫困山区那些严重缺乏人力资源的农村金融机构，应该以财政力量增加其人力资源配备，避免现有农村金融机构因人力资源缺乏而减少农村信贷服务。

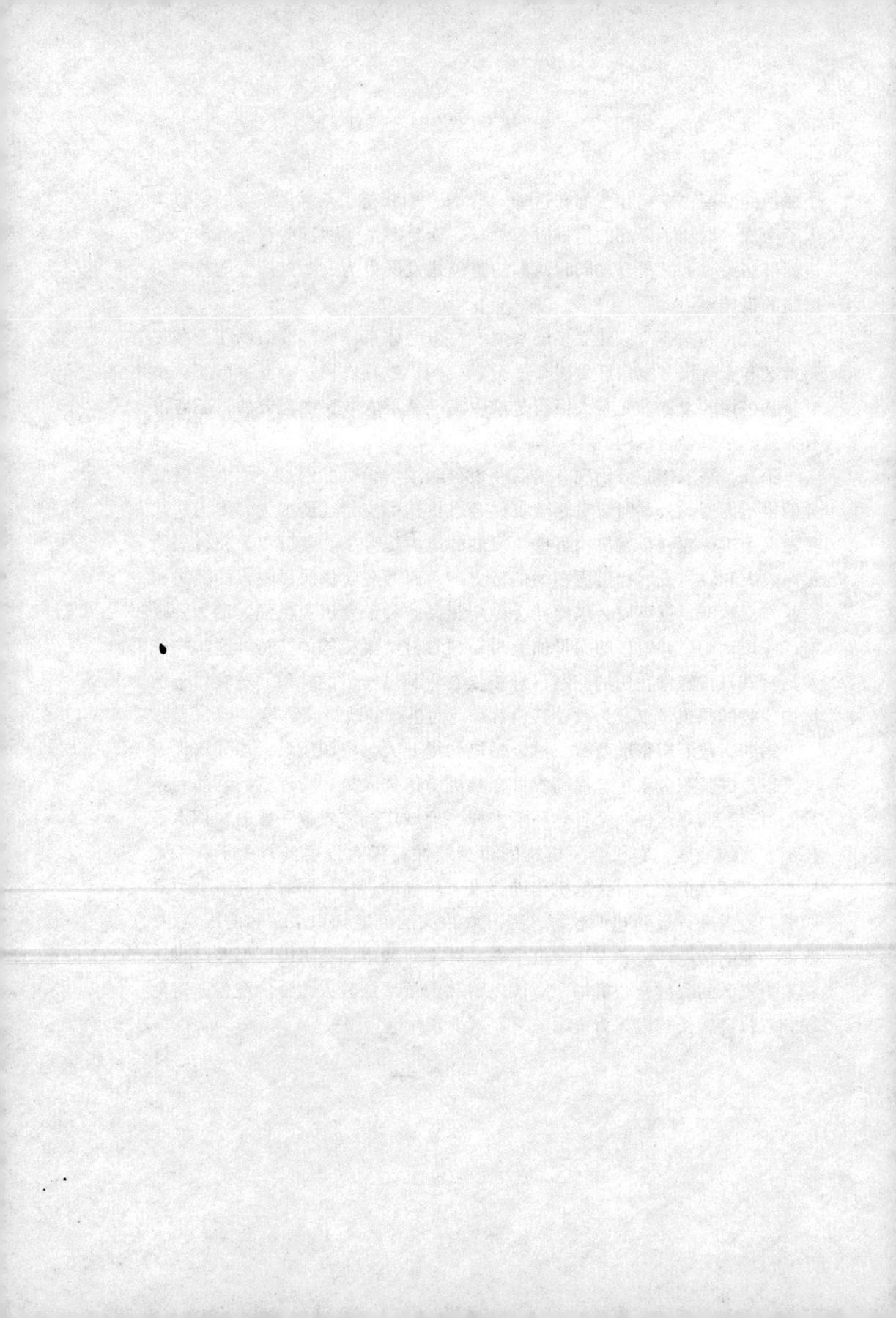

第七章

大型商业银行如何
服务三农

一、引言：大型商业银行回归县域金融：
喜耶，忧耶？

从某种意义上来说，农村金融改革也就是县域金融改革。十几年前，在亚洲金融危机背景下很多大型金融机构纷纷撤离县域，而今又在纷纷涌入县域，这个现象值得探讨。从中国经济发展的长远趋势来讲，未来县域经济是中国经济的主要增长点，也是中国经济最活跃的领域。从这个角度来说，县域经济发展可能最有潜力，其中尤其是中小企业的发展和创新性企业的发展以及中国农业的转型，将给县域经济注入很大的活力。因此，现在很多金融机构重新回到县域，重新在县域经济这样一个平台上来布置自己的战略格局，并不是没有道理的非理性之举。这是一个好的趋势，说明商业银行在大城市的竞争基本饱和、大城市产业增长缺乏潜力之后，终于看到了县域经济可能带来的巨大的机会。

大型商业银行从1999年来纷纷撤出县域，到今天逐渐回归县域，实际上首先反映了中国经济增长和经济结构的巨大变化。在上个世纪末期，由于亚洲金融危机的影响，我国大型商业银行纷纷从县域撤出，仅有少数大型商业银行在县域保留了网点，这种撤出首先是出于控制金融风险的考虑，因此把县域以下网点撤销，并大大上收经营权限，把县域网点的贷款权基本上上收到了省级或更高。这就带来县域经济当中只有存款而没有贷款的情况，导致中国农村的资金大量流往城市，造成我经常说的"农村系统性负投资"。近来大型商业银行纷纷逐渐回归县域，说明我国的经济增长中县域成为一个颇具活力和潜力的增长点，能够给商业银行带来巨大的商机。经过十几年的发展，我国县域经济发展迅猛，中小企业发展很快，但是由于这些年的商业银行撤出县域，导致县域经济的金融支撑严重不足。在这种情况下，县域经济的贷款需求很旺盛，但是常常得不到满足，而县域主要的金融机构就是农信社，这些年又加了一些村镇银行和小额贷款公司。因此，县域经济中有很多信贷的空白需要填补。这是大型商业银行重新回到县域的关键因素。不过，我也反对那种一窝蜂式的扎堆县域。我认为大型商业银行回归县域尽管从我国经济增长角度来说是个好事情，但是商业银行自身在回归县域之前应该考虑好自己的比较优势，考虑好自己面对的风险，考虑好县域经济的主要特点，考虑好自己的人才资源储备，为进军县域做好充分的机制准备和人才准备，切忌盲目行事。当然我相信金融机构都是理性的，他们会在进行大量的调查研究的基础上制定自己的回归县域的策略。

大型商业银行服务三农和进军县域金融领域，需要在体制机制上有所创新。不管如何创新，我认为都要结合县域经济的特征来分析，要把握好县域经济的优点和缺陷来有针对性地进行金融创新。县域经济的优点是比较活跃，中小企业的创新能力很强，同时又是我国农业经济转型和劳动力转移的主要平台，因此，县域经济发展的潜力大、成本较低，收益性较强。但是县域经济也存在很多问题，比如中小企业的信用机制普遍不完善，信用记录不全，其道德风险比较高，这给金融机构造成很大不确定性；县域中小企业的财务制度不完善，信息不完备，这对金融机构有效判断其信用和偿还能力设置了不少障碍；县域经济中担保机制不完善，很少有比较有资质的担保机构，所以商业银行贷款很难找到合适的担保，这带来一定的风险；同时，县域经济中与农业相关的产业是比较脆弱的，我国农业保险不发达，农业的自然风险较高，这也为金融机构回归三农和县域造成了障碍。所以，如果这些问题不解决，单讲金融创新是不行的。

很多人担心大型金融机构纷纷回归县域，会不会带来竞争的过度？这一点倒是无须我们担心，因为我们相信金融机构都是理性的，如果当一个金融机构在某个县城设立了网点之后，他就会对他的竞争对手有所了解，并各自找到自己的比较优势，定位好自己的客户群，创造出适合当地的金融产品，并建立自己的信息网络。一旦他发现这个县城的金融供给超过了需求，或者这个县城的信用环境或金融生态不适合发展，他就会选择慢慢退出。这是一个自然的优胜劣汰的过程，无须我们担心。县域经济当中目前最重要的竞争主体就是农信社以及改制后的农村商业银行和农村合作银行，也有一些村镇银行和小额贷款公司，但是后者的比例不大，竞争实力不强。在短期当中，县域还不会出现竞争过度的情况，但是估计在几年之后这个市场的竞争将加剧。

已经有很多学者对大型金融机构纷纷涌入县域金融领域的动机和结果表示质疑。我觉得很多金融机构尤其是大型商业银行进入县域经济，可能并不是出于服务县域的目的，可能会有"圈地"心态和"作秀"心态，但是也不排除一些大型商业银行很愿意踏踏实实进入县域，开辟这个"蓝海市场"。尽管现在我国商业银行已经有回归县域的某些迹象，但是大型商业银行大面积回归县域和支持三农是不可能的。从客户分层、业务结构和竞争优势角度而言，不同规模的商业银行和金融机构有不同的比较优势。大银行更多地瞄准大客户，而小的金融机构更多地瞄准小客户，正所谓大鱼吃小鱼，小鱼吃虾米，虾米吃浑泥，每个人都要发挥自己的比较优势。期望大型的金融机构大面积回到县域和农村，普遍恢复县域和农村网点，是十分不现实的想法。由于农村的实际情况，如果巨型商业银行大规模回归，必将导致重新陷入不良贷款的泥潭不能自拔。

为了降低商业银行挺进县域农村金融市场的风险和运行成本，一个比较可行的方法是通过各种间接的方法实现资金回归，而不是仅仅通过机构重设来回归。资金回归是实质上的回归。大的商业银行可以通过某种资金纽带与村镇银行、资金互助组织、小额贷款机构等对接，比如通过批发贷款、委托贷款等方式，为这些小型金融机构注入资金，既解决了这些小型金融机构的资金短缺问题，又可以通过这些小型金融机构来作为自己的"腿"，使自己间接地走进农村市场。大银行有资金优势，小的金融机构有深入基层、深入农户、信息充分、网点众多、成本低等优势，大小金融机构各自发挥其比较优势，事情就好办了。根据我在各地对村镇、农民资金互助组织和小额贷款公司的实地调研发现，这些小型农村金融机构都有很好的经营绩效，他们的资产质量很高，几乎没有不良贷款，在当地农户中有较高的信誉度和认可度，但唯一的欠缺就是资金约束太强，导致他们的业务不能扩张。如果大的金融机构可以通过批发贷款和委托贷款等向他们注入资金，则会实现双赢效果，一举两得。

在把县域打造成"对金融机构有吸引力的佳地、汇集金融资金的洼地"的过程中，地方政府有很多事情可以做。地方政府应该在担保机制的完善、农业保险机制的完善、地方信用体系的建设和金融生态的改善等方面，多做实事，为金融机构回归县域提供机制和体制保障，减少他们的系统性风险。

二、管理体制创新、治理结构变革与优秀上市银行锻造①

1. 农行股改一年：盘点与展望

2010 年农行成功上市，到现在整整一年的时间。在短短一年的时间里，农行在内部治理结构和运行体制上有了很大的变化，经营绩效也有了明显的改善，在整个中国经济和金融形势不是很乐观的情况下，经受住了市场的考验，给股东以满意的回报，也在社会上赢得了较高的声誉，打消了很多人对于农行发展的疑虑。

在 2010 年农行上市之前，笔者曾经撰文谈到农行股改的最终目标。我认为，农行股改的目的是提升农行的竞争力，使农行能够在较短时期内在风险控制、产品创新、业务绩效、人力资源管理等方面有一个大的提升，使农行在国内、国际银行业竞争中更具备竞争优势。但是竞争优势并不是凭空取得的。要获得自己的竞争优势，必须先搞清楚自己的比较优势，从而在自己具备比较优势的领域里占据竞争优势。我认为，农行近年来业已

---

① 本节发表于《农村金融研究》2011 年第 3 期。

确定的"蓝海战略"是非常正确的，从农行的整体来说，其比较优势在县域，农行必须（也必然）在县域蓝海市场中成为无可争议的领军银行。由于各地的情况不同，我提出农行在未来应该根据各自的比较优势，实行"差异化的蓝海战略"，要充分考虑到区域经济发展阶段的差别。

一年来的实践证明，农行在实践"差异化的蓝海战略"方面是比较成功的。农行立足县域金融业务，立足于差异化的市场定位，发挥城乡联动优势，深化运行机制改革，开展金融服务创新，巩固了农行在县域市场的领先地位和主导优势。农行在县域金融领域的领先地位的获得与巩固，得益于农行的三农金融体制创新。农行在上市之后，进一步优化三农金融部管理架构，在总行层面形成了包括三农政策与规划部（三农金融部管理委员会办公室）、农村产业金融部、农户金融部、三农信贷管理部等专业部门，以及三农核算与考评、风险管理、产品研发、人力资源管理、资本与资金管理等支持中心的"四部五中心"组织架构，构建了"总部＋省级分部＋地市分部＋县域经营单元"的三级督导一级经营的垂直组织体系。2010年，农行在总行和八个事业部制改革试点省（自治区、直辖市）的一级分行增设三农信贷管理部，在二级分行相应成立三农信贷管理部门，开展三农信贷业务审查审批、授信执行以及贷后管理工作。实践证明，农行三农金融体制的创新，理顺了农行开展三农金融的体制机制，提升了三农金融服务的效率和风险管理水平，可以说，农行的体制创新经验，在全球巨型商业银行服务三农方面提供了不可多得的宝贵经验，具有世界意义。

当然，开展县域金融服务必然面对很多困难，农村金融服务量多、面广、风险大，必须在开展县域金融服务的过程中有所创新。农行为了降低农村金融服务成本，提升农村金融的覆盖面，在服务创新方面下了很多功夫，积极探索满足农户现金需求的新型服务模式。农行开展惠农卡助农取款试点工作，利用 POS 机和转账电话，有效改善了农村金融支付环境，使惠农卡代理新农保、新农合等业务承载能力大大提高。截至 2010 年末，农行共向县域地区配置 ATM 机 2 万台、POS 机 13.71 万台、转账电话 94.7 万台，初步形成了物理网点＋ATM＋转账电话＋三农金融服务站＋电子银行的多层次、广覆盖的县域金融服务渠道体系。同时，农行将农村金融服务的重点放在支持中小企业和农村创业，充分发挥了自己在资金规模、金融服务技术等方面的比较优势，这与笔者一贯强调的"农行应把重点放在支持农村城镇化、支持农业产业化、支持县域成长型企业"的观点是一致的。在过去的一年时间里，农行围绕农业产业化、县域中小企业、农村城镇化、县域房地产、农村商品流通等重点服务领域，明确了三农公司金融业务的产行业、区域和客户支持重点，制定了县域中小企业产业链融资服务指引、小额贷款公司综合金融服务方案、商品流通市场金融服务方案等多套综合金融服务方案，强化对分支行的营销指导，提高特定客户群的综合服务能力。农行与农业部签署了"全面战略合作暨支持农业产业化龙头企业战略合作框架协议"，将支持重点放在具有引领性的农业龙头企业。截至 2010 年末，农行三农金融业务公司类贷款余额 10379.56 亿元，占全行公司类贷款余额的 28.9%，较上年末增加 2068.63 亿元，增幅 24.9%；三农金融业务公司类存款余额 11700.28 亿元，占全行公司存款余额的 33.1%，较上年末增长 25.3%。这标志着农行服务县域金融的战略重点已经基本明晰化。

上市之后，农行面临的压力更大，尤其是来自股东的压力和公众的压力。我认为，"后股改时代"农行发展最大的威胁来自于风险控制。以往外延式的银行发展扩张模式必须终结，内涵式的集约化模式必须及时展开，要搭建多维度的风险控制机制，建立严密的信用评级系统，严控操作风险；要加强对员工的考核力度，完善考核机制，把员工的考核体系与风险控制机制建设紧密结合起来；要借鉴国际大银行风险管理的经验，对政策风险、信用风险、操作风险、国际化风险进行量化分析，进行有效的风险预警。"后股改时代"的农行要逐步加紧巩固合规文化，培育风险文化，要使每个员工和管理者的行为都合规，对违规行为要进行严格控制与相应惩罚。现在，农行高度重视合规经营，提出了农行的管理理念就是"细节决定成败、合规创造价值、责任成就事业"，同时提出农行的风险理念就是"违规就是风险，安全就是效益"，这些理念是非常正确的，在未来应该不折不扣地执行。应该说，农行在上市一年的时间里，风险管理方面是很成功的。农行继续加强了三农风险管理组织体系建设，重点推行县支行风险经理派驻制，逐步强化对县支行的风险垂直管控；建立健全三农风险管理政策制度，针对三农业务特点和事业部管理需要，完善三农客户评级、农户贷款分类、三农金融部减值拨备等制度，落实三农信贷业务单独的风险拨备与核销政策；全面落实三农信贷产品停复牌管理，动态调整经营机构业务开办权限；加强三农业务风险监测分析，建立重点县支行信贷风险监控制度。这些举措，核心仍然是合规经营，其指导思想仍旧是稳健，也就是农行的核心价值观里说的"诚信立业、稳健行远"。

2. 三农金融事业部制改革：运作模式与风险控制

大型商业银行进行农业信贷服务的机制瓶颈一直是制约农村金融发展的重要因素，农业产业的天然脆弱性和农业居民在地理上的分散性都加大了农业信贷本身的系统性风险和信息不对称程度，加大了商业银行进入农村金融领域的难度，因此建立良好的组织架构和经营机制是涉农金融机构健康发展的关键（王曙光，2008）。中国农业银行近年来一直有效推行三农金融事业部制改革，试图打破业务条线和地域限制，使农行通过体制创新和机制创新重新回归三农。事业部制在国外很多银行都有成功的实践，这种管理模式的核心在于按业务分类设立独立的事业部，对事业部采用垂直管理形式，事业部独立经营、独立管理、独立核算、自负盈亏。商业银行总部保留人事决策、预算控制和监督大权，并通过利润等指标对事业部进行控制（项俊波，2010）。农行大胆采用事业部制进行三农金融服务，目的在于给予三农业务部门更独立的运营权和管理权，三农金融事业部对全国县域农村金融服务进行统筹纵向管理，对于防范风险、提高效率，都有重要的创新意义。

从国内外事业部的管理模式看，大概有两种模式：其一是总分行管理为主、事业部管理为辅；其二是条线管理为主，总分行管理为辅。农行的三农事业部制是以条线管理为主、总分行管理为辅的运行体制和管理模式。事业部的组织体系建设，是把总分支行各级的三农业务部门予以条线化，形成"三农金融总部＋省级分部＋地市分部＋2048个县域经营单元"的组织架构。在这样的模式中，强调三农金融事业部在运营中的相对独立性，总行将具体的管理权力大部分下放，赋予三农金融事业部很大的决策权和管理权，总行的地位显得比较超脱，可以在一些宏观的战略导向、风险的掌控、人力资源的配置方面给予更多的关注，而把具体的经营权力充分地授予三农事业部。三农金融事业部将实行单独配置经营资源，单独下达综合经营计划，单独统计、单独核算、单独考核，构成一个完整的"三农"专业化经营管理体系。三农金融事业部与总行之间，既有独立性，又有整合性。既充分地尊重三农事业部的独立性，赋予其独立运营权，又要强调与总行优势资源的整合。单独核算是事业部改革核心中的核心，也是一个非常复杂的问题。事业部核算，不仅要能够真实反映事业部整体经营绩效，还要能够准确反映不同发展水平的地域之间的差异性，反映不同行业、产品、客户的成本收益状况。单独核算体制要求三农金融部各个县域经营单元作为独立的会计核算主体而存在，因此完善县域三农金融事业部的信息处理系统、提升数据统计和核算人员的信息处理能力、增强县以下基层农村金融服务网点的统计核算功能，是提高三农事业部独立核算精度和准度的前提。同时，推行三农金融事业部也要正确处理好总行和县域基层行之间的关系。县域信贷政策的制定要充分考虑各地的经济发展水平差异、农业生产形态差异议及客户群体结构差异。总行对基层行（尤其是县域及县域以下分支机构）的信贷政策应该给予更大的自由空间，允许基层行根据本地情况选择适合于本地的金融产品，确定适合于本地经济发展水平的信贷规模，探索适合于本地情况的风险控制方法和信贷模式。鼓励基层行的创新，充分尊重差异性，县域农村金融服务才能活起来。

从国外银行业实践看，在遵循事业部制精髓的前提下，商业银行基本都根据自身业务发展的特点、客户特征、管理水平、技术条件以及当地监管要求等设计具体模式，主要以业务或服务、客户、产品、经营区域等为维度单独设立事业部，或以业务、客户、产品 和区域为维度混合设立事业部（于海，2003）。农行的三农金融事业部以县域为维度来设立事业部，我认为是一个比较理性的选择。这可以从两个方面来说明。第一，县域金融以农村金融为主，以县域为维度设立事业部，可以充分辐射县域内的各类农村经济主体（包括微型企业、经济合作组织和农户），符合设立三农金融事业部的初衷。第二，农行在县域的网点比较完善，在县域金融服务领域拥有相对的比较优势，与其他银行比，农行在县域金融服务领域的人力资源、网点建设、客户资源、历史积淀都好一些，能够获得竞争优势，所以以县域为维度设立事业部，不失为一个明智的选择。

构建三农金融事业部的风险防护墙是一个核心要务。在风险管理方面，农业银行的基层网点应该把自己视为一个主要为当地社区服务的"社区银行"，与社区内的中小企业形成一种良性的、紧密的、基于各种"软信息"的互动关系。"软信息"的利用，意味着农业银行在评价社区内中小企业的信用风险和业绩时，主要不是依靠企业报送的各种硬性的财务指标，不是以各种冷冰冰的数据为导向，而是以客户为导向来评价企业，通过各种紧密型的信息搜集手段，来印证客户的财务指标。这样，在客户的信用评估和风险评价方面，就会减少信息失真的概率（王曙光，2010）。农业银行基层网点的风险管理的有效性还有赖于制定比较合理有效的员工激励和约束机制。要建立一整套公开、透明、直接量化考核到个人的薪酬激励方法。比如农业银行的一个客户经理的收入中，绩效薪酬应占主要部分，绩效薪酬要与贷款质量、清收不良贷款的规模等直接挂钩，上不封顶，按月考核。还应该在农业银行内部形成"资产质量风险一票否决"的传统，营造一种"自觉维护信贷质量安全"的氛围。这样，作为一个客户经理，他就会时刻把信贷质量控制作为自己的核心职责，注意搜集各种与企业运营和贷款回收相关的"软信息"，并对这些信息进行动态管理，时刻关注中小企业出现的新问题、新动向，从而最大限度地控制信贷风险。农业银行基层网点的信贷风险控制中还要注重对客户的激励和约束机制的设计。对于优秀的客户，尤其是那些在农业产业化和农业现代化中起到积极作用、未来发展前景看好、当前绩效优良的中小企业，应该着意加以激励和扶持。这些激励措施主要有利率优惠、信贷额度适当增长、担保条件适当放宽、提供其他延伸金融服务等，总之，要为中小企业创造最好的信贷服务的环境，甚至为企业提供一些与信贷没有直接关系的延伸性的其他服务，这对于吸引优秀客户是非常重要的（王曙光，2009）。

3. 锻造优秀上市银行：公司治理结构变革和战略优势定位

2010 年 7 月 15 日，农行成功上市，此后农行提出了"打造优秀大型上市银行"的未来目标。农行上市是我国银行业改革历程中一个标志性的里程碑事件：第一，农行的成功上市意味着中国国有商业银行股份制改革的彻底完成，被称为中国国有银行股份制改革的"收官之作"，这是中国金融改革的一个重大事件；第二，农行的上市意味着中国国有银行的法人治理结构和股权结构发生根本性变化，意味着所有国有独资商业银行已经彻底转型为公众银行，其性质发生了根本性的变化；第三，从农行自身的发展战略来说，农行的成功上市标志着农行的发展与转型迈上了崭新的台阶，农行将在国际化战略和打造世界一流上市银行中迈出新的步伐，其经营管理模式和企业文化建设也将出现新的变化；第四，农行的成功上市必将对中国农业的发展与转型提供新的契机，对县域经济的发展提供新的契机，因此必将为中国三农问题的解决提供巨大的推动力。

项俊波董事长在农行 2010 年 7 月 15 日 A 股上市仪式上表示，农业银行上市标志着农业银行全新时代的开始，农行将以此为新的起点，继续深化改革，全面完善公司治理，加快业务经营和综合化的发展步伐，开拓城市和县域经营服务，提升价值创造能力，努力把中国农业银行打造成具有高成长性和独特竞争力的优秀的上市银行，为社会各界提供更加优质的金融服务，为投资者和广大客户创造丰富的回报（白莲，2010）。这番讲话高度概括了农行未来的发展蓝图和战略。其中有三个要点必须注意：第一，农行上市后应"深化改革，完善公司治理"，这是上市的宗旨与初衷所在。只有完善农行的法人治理结构，才能建立起激励和约束机制，才能实现农行的长远发展，上市的目的不是圈钱，而是实现更好的法人治理，实现农行的经营转型。第二，要"开拓城市和县域经营服务"，这是农行未来的竞争优势所在，是农行既定的"蓝海战略"。农行未来的比较优势在县域，农行在县域有丰富完备的网点建设，有充分的人力资源储备，有良好的稳定的客户资源，有历史悠久的县域金融企业文化基础，因此具有竞争实力。第三，农行应具有"高成长性和独特竞争力"，要为股东"创造高回报"，这是农行的最终目标。伴随着中国经济尤其是县域经济的高速成长，伴随着中国农业的快速转型和农村迅猛发展，农行必将具有稳健的成长潜力，它的独特竞争力来自于它的战略定位和市场比较优势。

打造优秀大型上市银行，农行面临诸如更加激烈的市场竞争、更加挑剔的评判标准、更加严格的监管要求、更大的社会形象与企业社会责任压力。对于一个上市公司而言，它必然面临更严格的信息披露标准，社会公众包括股东必然对它的业绩有更密切的关注和更高的期许，其市场定位、经营管理效率、内部治理有效性、企业社会责任履行状况等，也会受到更大的社会关注。"打造优秀大型上市银行"，意味着农行作为上市的公众公司要接受公众（尤其是投资者）的检验，而不仅仅为国家服务，为政府的目标服务，而要更多地考虑到股东利益，考虑公众利益，考虑社会相关利益者的感受。这个目标的提出，使得农行的员工和管理层都深刻认识到，农行上市绝非意味着农行可以轻易地到资本市场"圈钱"，得到"免费的午餐"，而恰恰意味着农行因其上市成为公众公司而面临更大的社会压力和挑战，其作为公众公司的社会责任也将更加凸显。

"优秀大型上市银行"有这样几个标准：第一，必须有比较好的资产质量，其不良贷款率应该控制在相当低的水平。比如国际上的一些优秀银行，如花旗银行、汇丰银行等，其不良贷款率都比较低，可见资产质量是优秀大型上市银行的核心标准之一。第二，优秀大型上市银行应该有比较完善的风险管理体系和较强的风险抵御能力，能够切实防范各种类型的金融风险，从而切实保障银行自身的运行安全与资产质量，保障银行有比较好的安全性、流动性与收益性。第三，优秀大型上市银行应该有比较规范完善的公司治理结构，在银行的法人治理中，董事会、监事会、股东大会、管理层等各司其职，能够形成较好的激励和约束机制，为银行的运行提供制度保障。第四，优秀大型上市银行必须有自己独特的企业文化，可以在社会公众与股东中建立独特的、富有吸引力与感召力的社会形象，从而形成银行自身的文化软实力。第五，优秀大型上市银行应该具备独特的竞争优势，应该有较好的金融创新能力，应该有自己独特的运营模式和盈利模式，从而可以保障银行的可持续发展，使银行具有其他银行不具备的比较优势。第六，优秀大型上市银行还必须有很强的国际竞争力，有较强的文化适应性和国际市场渗透力，能够在国际银行市场中占据一定的竞争优势，促进银行业务的国际化。第七，优秀大型上市银行还应具备优秀的富于创新能力的员工、富有社会责任感且有国际眼光的卓越基层管理者，以及富有感召力和凝聚力的高瞻远瞩的银行领袖与金融家。农行要成为优秀大型上市银行，必须在以上七个方面切实努力。

4. 后股改时代：农行企业文化的转型和差异化竞争战略的形成

农行上市为农行发展和服务三农提供了历史性契机，但上市不是目的。有几个问题是农行股改之后必须深刻考察的。第一个问题是，我们必须明确，农行股改，到底改的是什么？表面上看，股改是产权结构的变革，股改使农行的产权更加清晰和多元化，但这种理解是最浅层面的理解。往更深一个层面来说，比产权结构变革更重要的是法人治理结构的变革。只有法人治理结构发生了深刻的质的变革，农行才能真正实现股改的初衷：即建立一套真正有效率的激励机制与约束机制。法人治理结构的变化，使管理层和员工有了压力，同时也有了动力，内部管理体制才会随之起变化。但法人治理结构变革这个理解还未触及农行股改的核心本质。股改的核心本质是企业文化的变化，通过股改这样一个重新"配方"与"发酵"的过程，农行的企业文化得到新的孕育，逐步向一个优秀现代商业银行的文化形态迈进。考察所有世界一流商业银行的企业文化，其核心要素不外乎这么几条：永远追求卓越的竞争意识，业务全球化过程中高度灵活的文化适应性，浓厚的企业社会责任观念，与时俱进的制度创新与产品创新精神，以及稳健扎实的风险文化与风险管理机制。股改使农行行为模式、整体氛围、价值观、经营理念和社会形象得到显著的提升与变化，股改的核心是农行向这种优秀的银行文化靠拢，才能真正迈入"世界一流现代商业银行"行列。

第二个问题是，我们还必须明确，农行股改的最终目标是什么？农行股改的最终目标也许很好回答，当然是提升农行的竞争力，使农行能够在较短时期内在风险控制、产品创新、业务绩效、人力资源管理等方面有一个大的提升，使农行在国内、国际银行业竞争中更具备竞争优势。但是这个回答几乎没有任何意义。竞争优势并不是凭空取得的。要获得自己的竞争优势，必须先搞清楚自己的比较优势，从而在自己具备比较优势的领域里占据竞争优势。农行近年来业已确定的"蓝海战略"是非常正确的，从农行的整体来说，其比较优势在县域，农行必须（也必然）在县域蓝海市场中成为无可争议的领军银行。但是中国地域广大，各地经济发展状况和金融生态千差万别，因此在执行"蓝海战略"过程中还要实行"差异化竞争战略"。比如在江苏这样一些城乡收入差异较小、城乡一体化发展较为充分的地区，应该将城市与县域两大市场两手抓，两手都要硬。江苏农行就提出，在城市业务方面，以县域主城区为基础，以地市级、省会城市为重点，在增量城市市场上占据绝对优势，在县域市场夯稳领军地位。现在江苏农行业务规模和增速都在全省同业中名列前茅，无论在城市还是在县域蓝海市场，都占据绝对优势地位，而与江苏类似的地区恐怕还包括浙江、山东、广东以及京沪等地区。而对于那些城乡分割较为严重的欠发达地区，其战略指向就应该有所区别。所以，未来各地应该根据各自的比较优势，实行"差异化的蓝海战略"，要充分考虑到区域经济发展阶段的差别。

第三个问题是，我们还必须明确，"后股改时代"对农行发展影响最大的因素是什么？我认为，"后股改时代"农行发展最大的威胁来自于风险控制。以往外延式的银行发展扩张模式必须终结，内涵式的集约化模式必须及时展开，要搭建多维度的风险控制机制，建立严密的信用评级系统，严控操作风险；要加强对员工的考核力度，完善考核机制，把员工的考核体系与风险控制机制建设紧密结合起来；要借鉴国际大银行风险管理的经验，对政策风险、信用风险、操作风险、国际化风险进行量化分析，进行有效的风险预警。在股改的筹备阶段，农行在三农领域快速推进，惠农卡等金融创新模式迅猛铺开，成效很大，为股改的成功奠定了基础。

"后股改时代"的农行应该对股改筹备期狂飙猛进式的回归三农战略进行及时的调整，对惠农卡的发放步伐要有所微调和放缓，对持卡客户的信用评估与贷后风险甄别要跟上，对前期已经发放的数量巨大的惠农卡要进行一番仔细的清理和鉴别。"后股改时代"的农行要逐步加紧巩固合规文化，培育风险文化，要使每个员工和管理者的行为都合规，对违规行为要进行严格控制与相应惩罚。

2010 年农行成功上市是一个巨大的成就，但是上市也是巨大挑战的开始，是更为严酷的市场考验的开始。成为上市公司之后的农行，应该高度关注制度创新和产品创新，高度关注战略和文化的转型，高度关注风险问题，定位好自己的比较优势，稳健驶入蓝海领域，从而获得持久的市场竞争力。

三、大型商业银行服务三农与信贷管理

银行信贷管理是指商业银行如何配置信贷资金，才有利于发展经济并增加自身盈利的决策活动，其中，管理贷款风险是重中之重。商业银行信贷风险主要是指商业银行经营信贷业务的风险总和，即商业银行在经营货币和信用业务过程中由于各种不利因素引起货币资金不能按时回流、不能保值增值的可能性，能否有效控制信贷风险的对于商业银行来说非常关键。在此，笔者着重分析新时期大型商业银行的信贷风险管理问题。

为了更好地实现"服务三农、商业运作"，中国农业银行等大型商业银行在业务范围和市场空间上不断拓展，随之而来的问题是，信贷风险管理变得更加棘手和复杂。如何应对激增的业务量和潜伏的巨大风险，如何实现信贷的高效率、低风险成为摆在农业银行面前的重要课题。

对于中国农业银行来说，服务"三农"是重要发展目标，农村市场对中国农业银行非常重要，但是由于"三农"金融服务本身具有较高的风险

性，需要非常重视信贷风险管理。一方面，"三农"金融下自然风险和市场风险都较大，在我国农业保险非常滞后的情况下，如何控制好系统风险是一个关系到中国农业银行的命运；另一方面，中国农村地区的经济发展水平极不均衡，如何把握好各地农村金融服务的差异性，如何运用创新性的思维开发适合当地的金融产品，是农行总行和各地分行都不可忽视的问题，僵化的一刀切可能带来非常严重的后果。

那么，如何创新信贷风险管理，以更有效地实现"服务三农、商业运作"呢？笔者认为主要要做到以下几点。

第一，中国目前"三农"金融的主要缺陷在于机制的缺陷，这里面包括农业保险机制、抵押机制、担保机制、农民信用评估机制和激励—约束机制等等。农行应该在业务拓展的同时，着重于自身机制的建设，从而能够最大限度为"三农"业务的开展和"三农"信贷的风险控制提供一个坚实的基础。此外，对农业银行来说，为"三农"服务，不能再延续以往国有大银行的传统习惯，而是应该对这些客户进行"贴身式"的紧密型服务，其信贷服务流程的设计、信贷管理制度的实施、信用评估和信贷风险手段等，都应该适应"三农"的实际需求。

第二，完善授权授信制度，实现调查和审批的分立，部门内部要实现相互制约。在农行体制内部，实行贷款与审批过程的分离，实现贷款的审查权和批准权分别落实到不同部门，明确贷款审查部门、贷款批准部门的各自工作内容与责任等，切忌一个部门说了算。在完善授权制度过程中，一方面为了严格控制好信贷风险，强调总行或者一级分行的集中审批权；另一方面要调动地方分行和支行的积极性，考虑到各个地方的差异性，所以也要适当放权，给予地方以自主的选择权，鼓励地方根据自己的情况因地制宜地创新。究竟选择放权还是集权，笔者认为关键是考虑现实的情况，如果地区发展差异非常大，就不能搞"一刀切"，而要因地制宜。目前，中国农业银行甘肃省分行基本上取消了向县支行派驻独立审批人的方式，大力推行二级分行信贷集中审批模式。笔者认为，考虑到现实地域差别情况，这种全省范围内推行二级分行集中审批的模式恐怕还需不断完善。

第三，信贷管理需要严格执行贷款"三查"制度，即贷前尽职调查、贷时严格审查、贷后跟踪检查。重视客户各种信息的搜集，并对材料的合法性、合规性进行审查，全面掌握客户的生产经营和盈利能力，确保贷款对象准确、贷款金额适度，强化贷后管理，紧密跟踪检查，关注使用途径，发现问题及时采取对策进行补救，从源头上控制不良贷款的产生。

第四，农业银行基层网点的风险管理的有效性还有赖于制定比较合理有效的员工激励和约束机制。要建立一整套公开、透明、直接量化考核到个人的薪酬激励方法。比如农业银行的一个客户经理的收入中，绩效薪酬应占主要部分，绩效薪酬要与贷款质量、清收不良贷款的规模等直接挂钩，上不封顶，按月考核。还应该在农业银行内部形成"资产质量风险一票否决"的传统，营造一种"自觉维护信贷资质量安全"的氛围。这样，作为一个客户经理，他就会时刻把信贷质量控制作为自己的核心职责，注意搜集各种与企业运营和贷款回收相关的"软信息"，并对这些信息进行动态管理，时刻关注中小企业出现的新问题、新动向，从而最大限度地控制信贷风险。

最后，在风险管理方面，农业银行的基层网点应该把自己视为一个主要为当地社区服务的"社区银行"，与社区内的中小企业形成一种良性的、紧密的、基于各种"软信息"的互动关系。"软信息"的利用，意味着农业银行在评价社区内的中小企业的信用风险和业绩的时候，主要不是依靠企业报送的各种硬性的财务指标，不是以各种冷冰冰的数据为导向，而是以客户为导向来评价企业，通过各种紧密型的信息搜集手段，来印证客户的财务指标。这样，在客户的信用评估和风险评价方面，就会减少信息失真的概率

总之，新的形势下，以农行为代表的大型商业银行商业化运营还在不断尝试之中，需要不断改革信贷管理体系，实现安全和效益的统一。

四、大型商业银行服务"三农"中的
五大合作机制构想[①]

2005 年以来，国家在农村金融领域相继出台了一系列政策，农村金融体制机制改革不断推进，农村金融制度建设不断完善，已经初步形成了大、中、小型农村金融机构共生，政策性、商业性和合作性金融并存的农村金融组织体系，农村信贷难问题得到了初步缓解。

在农村金融组织体系中，大型商业银行应该发挥骨干和支柱作用，这是由其雄厚的资本实力和广覆盖的网点优势决定的。但是，理论研究和实践经验都证实，大型商业银行直接服务农户和小微企业等小客户不具有比较优势，而通过与扎根乡土的微型金融机构（主要包括村镇银行、贷款公司、资金互助组织、小额贷款公司和 NGO 小额组织等）进行合作，间接地开展农村金融服务，则被证明是有效的，国际上也有成功的案例可寻，如 ICICI 银行的间接贷款模式。

实现大型商业银行与微型金融机构的对接，既有利于发挥不同规模金融机构的比较优势，也有利于防范风险。防范风险是金融机构的永恒主题，农业、农民和农村的特殊性决定了金融机构服务"三农"的风险更大、难度更高。大型商业银行的特殊性决定了其开展农村金融工作更是难上加难。为了规避风险，既实现自身的可持续发展，又服务好"三农"，加强大型商业银行与其他机构或部门的合作十分必要，北京大学田野调查组的调查证明，建立大型商业银行与保险机构和担保机构的有效对接机制，以及加强与农民专业合作组织和地方政府的有效合作，都是确保低风险、高效率地服务好"三农"的重要举措。

---

① 本部分为王曙光与高连水合作完成，发表于《农村金融研究》2011 年第 5 期。

1. 银微对接——大型商业银行与微型金融机构的合作机制建设

微型金融机构扎根乡土，了解乡土社会，在农村地区具有明显的信息优势，并且其组织架构和管理制度相对简单，服务"三农"的流程更为便捷和高效，这些都是微型金融机构较之大型商业银行在开展农村金融服务方面具有的天然比较优势。

微型金融机构近几年来得到较快发展，这主要归功于政府政策的适时推出。2006 年 12 月 21 日银监会发布了《关于调整放宽农村地区银行业金融机构准入政策，更好支持社会主义新农村建设的若干意见》，这被认为是具有开创性的政策。村镇银行、贷款公司和资金互助组织等新型金融机构借力政策支持，得以快速发展。根据《中国农村金融服务报告（2010）》的数据，截至 2010 年末，全国共组建新型农村金融机构 509 家，其中开业 395 家，筹建 114 家。已开业的 395 家机构中，村镇银行占 349 家，可谓一枝独秀。已开业的金融机构发放的贷款中，超过 80% 用于"三农"和小企业，说明总体上较好地贯彻了新型农村金融机构当初的设立意图。在 509 家机构中，东、中、西部地区分别占 204 家、153 家和 152 家，中西部地区占比达到 60%，说明机构设置充分考虑了地区之间平衡发展的问题。另外，截至 2010 年末，全国共设立小额贷款公司 2451 家，贷款余额达到 1975 亿元，2010 年账面利润为 98.3 亿元，初步实现了自身盈利与服务三农之间的有效契合。

可以说，微型金融机构的快速发展，具有必然性。从经济发展阶段来看，我国整体上进入了工业化后期时代。发达国家的经验已经证明，这个阶段经济发展的基本规律之一，就是进入了工业反哺农业、城市反哺农村、城乡经济协调发展的时期。国家在这个时期出台鼓励微型金融机构发展的政策，自下而上地培育新型农村金融机构，可以说是切中要害、恰逢其时。而具有特定比较优势的微型金融机构，也较好地贯彻了政策意图，在提高农村金融服务覆盖面、农村金融服务供给水平和农村金融市场竞争程度方面，发挥了积极作用。

但是，微型金融机构在发展中却面临诸多掣肘因素的困扰，其中，至为关键的是资金短缺问题。大型商业银行的重要优势恰在于资本雄厚、资金充裕。资金短缺的微型金融机构与资金充裕的大型商业银行之间便存在合作的可能性和必要性。不过，应该明确的是，这种大小机构合作的可能性和必要性远不是由资金规模大小互补这唯一的因素决定的，我们认为，至少还有以下几个原因：一是，大型商业银行除了资金优势外，在机构管理水平、市场驾驭水平、技术研发水平和人才储备水平等方面都具有明显优势，而这些恰是大多数微型金融机构欠缺的；二是，大小机构合作有利于满足多层次的金融服务需求。当前的农村金融服务需求可谓千差万别，对象（农户、小微企业、农业产业链、专业合作组织、涉农龙头企业等）、规模（从几百元到几十万、上百万元不等）、用途（生产性和消费性）、结构（行业结构和地区结构）、种类（存款、贷款、汇款、理财、投融资策划，等等）均不同，需要多层次的农村金融组织之间开展创新性的优化组合和合作予以满足；三是，大小金融机构合作具有国际成功经验可寻，如ICICI银行。ICICI银行开展农村金融服务有直接模式，如通过并购马德拉银行、开设分支机构和借助 ATM 机等电子化机具直接服务涉农客户，但更具特色的是其间接服务模式，也就是通过制度创新，有效开展与当地微型金融机构的合作（还包括与小业主的店铺和农村信息站的合作），间接地服务好涉农客户。

建设好大型商业银行与微型金融机构的合作机制，需要模式创新。在现有的合作实践中，最常见的模式有两种：其一是大型商业银行通过发起设立村镇银行或者贷款公司的形式，直接设立微型金融机构；其二是大型商业银行对微型金融机构进行批发贷款，以支持其可持续地服务"三农"。

但是这两种合作模式仍然存在明显的创新不足。就第一种合作模式来看，大型商业银行的积极性并不高。以村镇银行的组建为例，大部分是由城商行、农商行和农村信用合作社等地方性中小银行发起设立的，大型商业银行则基于成本和风险等因素的考虑，并不能清晰地分辨出新组建一家村镇银行到底是否优于新开设一家分支机构，故而表现出来的态度并不主动。牵头组建贷款公司的银行就更少了，这主要是因为，贷款公司被定位于"专门为县域农民、农业和农村经济发展提供贷款服务的非银行金融机构",也就是说,贷款公司不像村镇银行那样将来有可能发展成商业银行,它不具有银行业性质,所以更是激发不了银行发起设立的兴趣。就第二种合作模式来看,则基本处于局部试验阶段,尚没有大规模有效推进。就小额贷款公司而言,截至 2010 年底数目已达 2451 家,比上年末增加 1280 家,数量增长迅猛。但是,《中国农村金融服务报告(2010)》的数据却显示,从资金来源看,小额贷款公司 78.6% 的资金属于自有资金,外源融资很少。

我们认为,未来,在大型商业银行与微型金融机构的合作方面,起码应该做好两项工作:一是深入创新既有的合作模式,二是努力论证探索新型合作模式。虽然目前已组建成或正在组建的村镇银行、贷款公司和资金互助组织有 509 家,但较之我国地域广阔的农村,可谓杯水车薪、作用微弱,即使按照银监会的规划,2011 年底数目达到 1300 多家,平均下来仍然是一个县不到一家,示范性的色彩十分明显。故此,建议未来加大新型农村金融机构的建立力度,出台鼓励支持政策提高大型商业银行参与组建的积极性,同时降低准入门槛,鼓励小额贷款公司的规范发展,为大小金融机构合作拓宽基础。而在批发贷款方面要深入开展下去,一方面需要政府加大农村金融生态环境建设,打消大型商业银行对于风险不可控问题的疑虑,另一方面微型金融机构要理顺管理机制,尽快找到明晰的盈利模式,为开展大小机构合作提供积极的正向预期。

除此之外,应该结合各地实际,积极探索新的合作模式,改变既有的合作方式单一的局面。例如,可以利用大型商业银行在产品研发方面的优势,寻求既有的微型金融机构进行产品代理,这样一方面解决了大机构的产品营销问题,另一方面通过赚取代理费也部分缓解了小机构的资金来源不足问题。大机构还可以在帮助筹建农民资金互助组织方面提供必要的咨询和技术支持,以拓宽彼此合作的领域。

2. 银保对接——大型商业银行与保险机构的合作机制建设

国际经验证明,提供保险服务是农村金融市场的重要功能之一,在分业经营的监管制度背景下，保险服务将主要由保险类金融机构提供，所以，发展"三农"保险是发展农村金融市场和完善农村金融服务体系的内在要求，也是保障农民生产、生活以及推动工业反哺农业的重要配套举措。

从 2004 年到 2010 年，中央连续出台的 7 个一号文件中，都对"三农"保险工作予以部署，保监会也积极配合国务院法制办，启动了《农业保险条例》起草工作，中国人保和中国人寿等几家大型保险公司则制定了发展"三农"保险的规划，可以说无论从政府部门的重视程度看还是从保险公司的实践来看，"三农"保险服务都取得了一定的进展。但是，目前在我国的农村金融市场中，金融服务的供给主体仍以银行业金融机构为主，我们总体的判断是，保险机构在农村金融市场的参与程度仍然十分薄弱。

在农村金融市场中，保险金融服务供给明显不足的主要原因在于，开展"三农"保险很难实现保险公司自身的财务可持续性，这是由农业的弱质性决定的。从国际经验看，即使在美国、欧盟和日本等发达经济体中，如何实现农业保险机构的可持续发展，都是最具挑战性的工作之一。于是，设法实现保险公司服务"三农"的可持续发展，成为政策制定的主要着力点。综观既有的研究和实践经验，具体的思路大致有四种：一是加大政府对于保险机构的资金支持力度，这也是国际通行做法，但是这种做法的缺点是，可能无法从根本上消除保险机构对于农村市场的风险担忧；二是加大建设财政支持下的"三农"保险再保险机制和巨灾风险分散机制，这将有利于从根本上保证保险机构的财务可持续性；三是设法开发适销对路、品种多样的农村保险产品，切实重视满足农村地区的有效保险服务需求；四是树立系统论观点，有效整合支农资源，特别是实现农业保险与农业信贷的有机整合，发挥政策的服务合力作用。

实现农业保险与农业信贷的有机整合，简单说就是建立保险类金融机构与银行类金融机构之间的合作机制，这十分必要。主要是因为，农村经济社会的发展特征决定了农村金融服务的开展是个十分复杂的系统工程，不同的金融服务供给主体都是"你中有我、我中有你"的交叉关系，所有的支农资源只有彼此合作才是最优策略。银行机构特别是大型商业银行，在农村地区具有较高的品牌认可度，与这些机构开展合作无疑能够降低保险公司进入农村市场的成本。研究证实，相当比例的农民特别是欠发达地区的农民，对保险产品知之甚少，甚至很多人从来没听说过，而大型商业银行却恰恰具有品牌认可度方面的互补优势，开展双方的合作便是情理之中。

当然，大型商业银行要开展服务"三农"的工作，也离不开保险机构给予的支持。例如，北京大学田野调查组的调查证明，很多金融机构开展涉农贷款时，对该产业的保险状况和农民是否参保等情况十分敏感，有的贷款机构则在听说相关险种开办之后，明确提出入保的客户较之未入保的将优先获取贷款。另外，开展银保合作，共同服务好"三农"也是一条成功的国际经验。例如，美国、法国、德国、日本、荷兰等发达国家均建立了适合本国农业发展特点的保险体系，并注重设法实现与银行的有效对接。

大型商业银行与"三农"保险机构的合作机制建设，可以考虑从以下几个方面加强：

一是大型商业银行要借助自己在农村地区的品牌优势，协助保险机构加大"三农"保险的宣传力度，尽量压低"三农"保险走进农村地区的成本。

二是建立银保合作的长效机制，而非是银行网点简单地代理"三农"保险产品。这种长效合作机制的重要特征是银行网点与保险公司建立"一对一"的长期伙伴关系，为农民提供更加高效的金融保险服务。

三是建立银行存贷款保险机制，存款保险机制的重要功效在于激励银行更加高效地开展农村金融服务，贷款保险机制的重要作用则在于减低涉农贷款的风险。

四是保险公司充分利用好银行布设在农村的电子机具，实现农民理赔的便捷服务。例如，农行山西分行和陕西分行等开展了金融服务村村通工程，农民可以通过惠农卡，借助农行安装在村上的"支付通"即小额支付转账电话，方便地将新农保的钱领到手。另外，部分省市已经实现了通过农村直补"一卡通"、银行卡转账等方式，将保险机构的赔款直接支付到农户手中。这些保险机构借助银行的电子渠道服务"三农"的合作创新，既方便了农民，也有效防范了因中间环节过多而可能出现的养老金或者赔款被挪用或侵占等现象。

3. 银担对接——大型商业银行与担保机构的合作机制建设

总体来说，对于农户一般的小额短期贷款需求，通过小额信贷等方式，基本能得到满足。现在农村地区普遍存在的贷款难问题，主要指的是一些大额和长期的贷款需求，这既需要探索扩大农村地区的有效担保抵押物品范围，又需要加快农村担保体系建设。

农村担保体系大致包括担保机构（公司或中心）、担保基金以及保险公司等要件。农业担保机构的出现是市场经济发展内生出的制度安排。理论上讲，农业担保机构的主要作用在于，借助自身的专业化行为降低信息搜集费用，并利用自身为多方主体担保而分散风险，从而对金融服务的推进起到积极作用，成为搭建在客户和金融机构之间的桥梁。可以看出，农业担保机构要可持续地服务"三农"，起码要满足两点条件，一是资本金规模足够大以实现规模经济，二是有效地规避风险。

实际上，我国现有担保机构提供的服务很难说是可持续的，存在诸多问题。例如，担保机构资本金规模偏小并且资本扩充机制运转不通畅，风险损失补偿机制还有待进一步完善，担保机构中普遍缺乏足够数量的、能够相对准确地分析企业和产业运转特征的专业担保人才，这些因素既限制了担保业务的大规模开展，也不利于风险防范。

能否探寻出有效的风险防范机制，是担保机构特别是农村担保机构能否可持续开展担保业务的关键。综观现有的做法，大致有以下几种渠道：一是引入保险公司，通过对担保机构进行保险来防范风险。这在国际上有成功的经验，如日本在中小企业融资制度安排中，为考虑信贷资金的安全，政府通过构建信贷担保和信贷保险等双层体制，保证银行等金融机构信贷资金的安全；二是通过担保收费和风险准备来降低风险。但是目前的实践证明，由于缺乏规模经济，收取的保费收入数目很小，不足以覆盖风险，而风险准备工作目前落实的也并不好；三是建立农村信用担保机构与金融机构的风险联动机制，避免贷款担保风险全部集中于担保机构头上。发达国家在风险联动方面的经验是，担保机构承担风险损失的比例一般为70%~80%，其余部分则由合作的金融机构承担。

农村担保机构的产生主要是呼应了一些大规模、长周期的资金需求者的需要，而大型商业银行在资金方面的优势，决定了其更适合进行大规模的信贷业务，所以与担保公司之间的合作便具有必然性，也必将有利于共同促进农村经济发展和农民收入增长。担保机构和银行的合作离不开政府的参与。以吉林省为例，该省欲改变自身虽是个粮食大省但却人均畜牧业占有量不高的局面，希望在未来三年将吉林打造成畜牧业产值过百亿的畜牧业大省。无疑，政府的规划透露出，从长期来看，开展畜牧业的金融服务具有良好前景。但是，畜牧业本身缺乏保护价以及易受疫情侵害等特点，又使得商业银行望而却步，难下涉足畜牧业信贷的决心。这时便需要一架桥梁联结畜牧业（资金需求方）和银行（资金供给方）双方，而这个桥梁便是担保机构，其作用主要在于化解风险。吉林省农行2009年4月专门成立了国内首家畜牧业贷款中心，在配套制度建设、担保体系建设和服务能力建设方面均进行了探索和创新，其中就包括争取吉林省政府的支持，通过当地龙头企业投资为主和政府注资为辅的做法，创建了相关的畜牧业担保公司。担保公司成功地实现了与农行的对接，既规避了风险，又支持了当地经济发展。

未来，信用担保机构与金融机构的合作，应本着"风险共担、利益共享"的原则，共同为低风险地提供农村金融服务而形成支持合力。从金融机构的角度来讲，随着信用担保机构资信的提高，应逐渐提高担保的放大倍数，以提高担保效率和实现规模经济。从担保机构的角度来讲，对相关的农户、企业和合作组织的信息要及时地与金融机构共享，以利于金融机构在贷款时规避风险。当然，担保机构的运作与金融机构的日常经营应该保持独立。

4. 银合对接——大型商业银行与农民专业合作组织的合作机制建设

我国农业经济的发展，正面临着一次重要的转折，即从高度分散、高经营风险、低规模收益的小农经济，转型为具有一定组织化、规模化和产业化的新型农业产业，应该说，这种转型是历史的必然，金融机构特别是大型商业银行应该抓住机遇、及时跟进，为新型农业产业提供相应的金融服务支持。

农民专业合作社是农村市场化改革中出现的新型农业组织形式之一。随着 2007 年 7 月《农民专业合作社法》的正式实施，农民专业合作社第一次有了合法性，发展随即进入一个崭新阶段。据不完全统计，截至 2008 年底，全国农民专业合作社数目已达到 15 万多个，成员 3878 万，合作的层次也在逐步提高，"全过程合作"和"全要素合作"发展迅速。但是，我们看到，农民专业合作社的发展依旧面临着资金短缺、融资困难和内部机制不规范等问题。这其中，相关调研证明，资金短缺和融资困难是当前阻碍农民专业合作组织可持续发展的首要因素。故而，能否有效实现金融机构与农民专业合作社的有效合作，是一个关键问题。

实践已经证实，金融机构服务农民专业合作社，实际上就是服务"三农"，合作社贷款难本质上就是农民贷款难。但是根据规模匹配理论，对专业合作社这种资金需求规模相对巨大的客户，大型金融机构的服务具有明显的比较优势，故而问题的关键变为大型商业银行如何有效支持好农民专业合作社的发展。

实际上，将专业合作社纳入服务客户视野中，是国际大型涉农金融机构服务"三农"的普遍做法。虽然我国农村经济运转的合作化水平远落后于发达国家，且合作社内部的治理机制和激励约束机制还不完善，但是从国家密集出台的支持政策来看，农民专业合作社将迎来一个快速发展的重要时期。农民专业合作社这种组织形式的出现，代表了先进生产力的发展方向，它把农村中一些素质相对较高的农民群体聚集了起来，从某种程度上讲，可以认为合作社积聚了县域蓝海中的高端客户，这些农民的金融服务需求相对旺盛，对银行来说，是一个巨大的市场。

一方面，从专业合作社来看，其信贷需求旺盛，但又存在制约其融资的诸多障碍；另一方面，从金融机构来看，面对的是代表未来农村经济先进生产力方向的新型组织。这便需要金融机构与合作社的合作同时要实现两个目标，既规避风险，实现金融机构盈利，又促进合作社发展。我认为，有以下两种合作模式可供选择。

第一种模式是，通过合作社内部担保来构建合作机制。这种模式的核心是合作社内部实施严格的内控制度，当合作社社员提出贷款申请后，由合作社内部先进行信用审核和额度控制，并由合作社内部负责担保，然后再向银行提出贷款申请。合作社中有资金实力的主要成员出面担保，合作社提出还贷承诺，这就解决了银社合作中合作社信用不足的关键问题。这种合作模式适用于合作社成员的大额资金需求。

第二种模式是，运用商业性的担保中心，而政府对合作性的贷款进行贴息支持和担保费支持。但是，政府的这种支持不是直接的补贴和拨款给合作社，而是采取融资支持的方式进行。一方面，政府向银行贴息，支持其放贷；另一方面，政府替合作社向担保中心缴纳保费，保证担保中心的收入来源。这种融资模式的核心是，政府的支持作用按市场化方式进行，有利于提高各参与方的合作积极性。这种合作模式适用于合作社作为整体的资金需求。

5. 银政对接——大型商业银行与地方政府的合作机制建设

在我国渐进式制度变迁中，地方政府的创新行为发挥了重要作用。同样的，在农村金融体制机制改革进程中，地方政府也自始至终都扮演着重要的创新角色，这主要是因为较之于中央政府而言，地方政府的创新行为具备更多的信息、更少的约束和与微观经济主体更近的接触距离等比较优势。纵观地方政府参与农村金融制度变迁的整个历程，不难发现，其创新行为的根本目的都在于协助防控农村金融市场领域的风险。但从另一个侧面看，现有的干部考评体制决定了地方政府有明显的做大 GDP 的冲动，倾向于动用不适当的行政干预手段左右信贷资金的流向，使有限的资金投向容易出政绩而非容易使居民增收的行业或领域，并忽视了过程中的金融风险问题。

银行必须在与地方政府的合作中寻求理想的风险平衡点。为此，我们认为需要做好以下几点工作：

第一，积极建立政府主导的信贷风险分担机制。政府的特殊性决定了其在改善农村金融服务的过程中，应该扮演"发起人"的角色。例如，利用财政资金发起设立担保公司和保险公司，为普遍缺乏合格抵押物的"三农"客户提供必要的担保和保险。

第二，加强金融生态环境建设。金融生态环境主要包括法律环境和信用环境，地方政府应该积极推动农村金融领域的法规建设，出台政策鼓励新型农村金融机构的发展和适销对路创新金融产品的研发，同时加大农村地区信用体系建设力度。特别的，通过推动政府自身的诚信建设，将对企业信用和个人信用建设起到示范标杆的作用。

第三，利用市场化的手段加大政府补贴力度。加大政府对于农村金融的支持政策力度，是国际通行做法。政府的财政补贴应该通过市场化的手段实施，以最大化程度调动各参与主体的积极性，避免过去那种直接将补贴资金发放到相关机构或个人手中的低效率做法。

以上我们基于风险防控这一农村金融服务的主题，探讨了大型商业银行服务好"三农"需要加强的五种机制建设。服务好"三农"本身是个系统工程，必须诉诸利益相关主体的合力：大型商业银行自身的特点决定了加强与微型金融机构的合作是最优服务路径；与保险机构和担保机构的合作则是规避风险的最直接体现；加强与农民专业合作组织的对接则既然可以高效率、低成本地服务"三农"，又顺应了农村经济发展转型的大趋势；设法获取地方政府的支持则始终是搞好农村金融服务的关键因素。大型商业银行只有构建了以上五个合作机制，才能有效化解农村金融风险，降低经营成本，真正服务好"三农"。

附录　答客问三篇①

答客问之一

记　者： 在刚刚登陆资本市场之后，农行就旗帜鲜明地提出了打造优秀大型上市银行的未来目标。您以为，提出这一目标，对于农行实现其国家满意、股东满意、客户满意、社会满意和员工满意的具体目标有何重大意义？

王曙光： 农行上市是我国银行业改革历程中一个标志性的里程碑事件，之所以这么说，出于几个理由：第一，农行的成功上市意味着中国国有商业银行股份制改革的彻底完成，被称为中国国有银行股份制改革的"收官之作"，这是中国金融改革的一个重大事件；第二，农行的上市意味着中国国有银行的法人治理结构和股权结构发生根本性变化，意味着所有国有独资商业银行已经彻底转型为公众银行，其性质发生了根本性的变化；第三，从农行自身的发展战略来说，农行的成功上市标志着农行的发展与转型迈上了崭新的台阶，农行将在国际化战略和打造世界一流上市银行中迈出新的步伐，其经营管理模式和企业文化建设也将出现新的变化；第四，农行的成功上市必将对中国农业的发展与转型提供新的契机，对县域经济的发展提供新的契机，因此必将为中国三农问题的解决提供巨大的推动力。

项俊波董事长在农行 2010 年 7 月 15 日 A 股上市仪式上表示，农业银行上市标志着农业银行全新时代的开始，农行将以此为新的起点，继续深化改革，全面完善公司治理，加快业务经营和综合化的发展步伐，开拓城

---

① 这三篇《答客问》均是接受《中国城乡金融报》记者采访而形成的采访稿。

市和县域经营服务，提升价值创造能力，努力把中国农业银行打造成具有高成长性和独特竞争力的优秀的上市银行，为社会各界提供更加优质的金融服务，为投资者和广大客户创造丰富的回报。这番讲话高度概括了农行未来的发展蓝图和战略，所提目标既高屋建瓴，又务实清晰，具有很强的可操作性和指导意义。其中有三个要点必须注意：第一，农行上市后应"深化改革，完善公司治理"，这是上市的宗旨与初衷所在。只有完善农行的法人治理结构，才能建立起激励和约束机制，才能实现农行的长远发展，上市的目的不是圈钱，而是实现更好的法人治理，实现农行的经营转型。第二，要"开拓城市和县域经营服务"，这是农行未来的竞争优势所在，是农行既定的"蓝海战略"。农行未来的比较优势在县域，农行在县域有丰富完备的网点建设，有充分的人力资源储备，有良好的稳定的客户资源，有历史悠久的县域金融企业文化基础，因此具有竞争实力。第三，农行应具有"高成长性和独特竞争力"，要为股东"创造高回报"，这是农行的最终目标。伴随着中国经济尤其是县域经济的高速成长，伴随着中国农业的快速转型和农村迅猛发展，农行必将具有稳健的成长潜力，它的独特竞争力来自于它的战略定位和市场比较优势。

记　者：打造优秀大型上市银行，农行面临诸如更加激烈的市场竞争、更加挑剔的评判标准、更加严格的监管要求、更大的社会形象与企业社会责任压力。这些挑战与压力，农行必须勇敢面对而且应该交出满意答案。请问，农行提出这一目标，对于迎接挑战并且交出满意答案有何助益？

王曙光：在农行成功上市之后，旗帜鲜明地提出"打造优秀大型上市银行"的目标，对农行而言是必然选择，同时也是一个具有历史眼光的战略口号。虽然"打造优秀大型上市银行"这个目标的深刻丰富内涵还需要进一步挖掘、提炼与思考，但是这个口号本身对于员工、管理者与社会相关利益者的激励作用是显而易见的。对于一个上市公司而言，它必然面临更严格的信息披露标准，社会公众包括股东必然对它的业绩有更密切的关注和更高的期许，其市场定位、经营管理效率、内部治理有效性、企业社会责任履行状况等，也会受到更大的社会关注。"打造优秀大型上市银行",意味着农行作为上市的公众公司要接受公众(尤其是投资者)的检验,而不仅仅为国家服务,为政府的目标服务,而要更多地考虑到股东利益,考虑公众利益,考虑社会相关利益者的感受。这个目标的提出,使得农行的员工和管理层都深刻认识到,农行上市绝非意味着农行可以轻易地到资本市场"圈钱",得到"免费的午餐",而恰恰意味着农行因其上市成为公众公司而面临更大的社会压力和挑战,其作为公众公司的社会责任也将更加凸显。

记　者:根据您对国内外现有评价体系成熟经验的了解,您认为怎样才能算是一家优秀大型上市银行?优秀大型上市银行的具体标准是什么?

王曙光:"优秀大型上市银行"在我看来有这样几个标准:第一,必须有比较好的资产质量,其不良贷款率应该控制在相当低的水平。比如国际上的一些优秀银行,如花旗银行、汇丰银行等,其不良贷款率都比较低,可见资产质量是优秀大型上市银行的核心标准之一。第二,优秀大型上市银行应该有比较完善的风险管理体系和较强的风险抵御能力,能够切实防范各种类型的金融风险,从而切实保障银行自身的运行安全与资产质量,保障银行有比较好的安全性、流动性与收益性。第三,优秀大型上市银行应该有比较规范完善的公司治理结构,在银行的法人治理中,董事会、监事会、股东大会、管理层等各司其职,能够形成较好的激励和约束机制,为银行的运行提供制度保障。第四,优秀大型上市银行必须有自己独特的企业文化,可以在社会公众与股东中建立独特的、富有吸引力与感召力的社会形象,从而形成银行自身的文化软实力。第五,优秀大型上市银行应该具备独特的竞争优势,应该有较好的金融创新能力,应该有自己独特的运营模式和盈利模式,从而可以保障银行的可持续发展,使银行具有其他银行不具备的比较优势。第六,优秀大型上市银行还必须有很强的国际竞争力,有较强的文化适应性和国际市场渗透力,能够在国际银行市场中占据一定的竞争优势,促进银行业务的国际化。第七,优秀大型上市银行还应具备优秀的富于创新能力的员工、富有社会责任感且有国际眼光的卓越基层管理者,以及富有感召力和凝聚力的高瞻远瞩的银行领袖与金融家。农行要成为优秀大型上市银行,必须在以上七个方面切实努力。

答客问之二

记　者：优秀大型上市银行这一理念，如何由总部精神传导至基层单位、如何由战略目标具化为行动指南与业务发展方向，请您提出宝贵建议。

王曙光：打造"优秀大型上市银行"是农行高层提出的高屋建瓴的新目标、新战略，这一目标清晰有力，必将成为未来农行企业文化构建的核心坐标。但是任何企业战略的提出和企业文化的塑造都不仅仅是企业领袖的事情，而更是企业员工与所有管理者的共同使命，必须由所有员工和所有管理者的共同参与介入才能最终成为企业的"共识"，成为真正发挥作用的企业指针，才能最终转化为企业竞争力。在最近几个月乃至于一两年内，农行企业发展和企业文化构建的核心内容是在所有员工和管理者中灌输、渗透和融入"优秀大型上市银行"这一文化理念，并使得每一个员工和管理者都从自己的业务实践中体悟这一理念、实践这一理念。要达到这一目标，我认为必须做到以下两点：

第一，这一理念的深刻内涵必须由每个员工和管理者参与讨论，而不是仅仅由专家和农行高层给出"权威诠释"。不管专家和农行高层领袖给出的"权威诠释"多么全面、多么深刻、多么动听，如果没有每个员工和管理者参与其中进行讨论，如果不能使这一理念经由员工和管理者的充分讨论而融入他们的心灵深处，则那些所谓"权威诠释"对于提升农行的企业文化、对于农行未来打造优秀大型上市银行都是没有意义的。不妨组织员工和管理层参加"沟通营"，就这一主题进行充分的争论、探讨和沟通，这也是我在《农村金融机构管理》一书中一再提倡的农村金融企业文化构建中的"参与式文化构建法"。所谓"参与式文化构建法"，就是在企业文化建设的各个阶段，都要鼓励和组织员工亲自参与到文化建设和设计的各个程序、环节和步骤之中，任何战略构想、制度设计都要经过员工的充分讨论和沟通。这种参与式的企业文化构建法的优点在于，它使员工认为农村金融机构形成的一系列文化符号、价值理念和制度体系都是经过他们自己的设计和讨论而产生出来的，是他们自己的价值观的体现，出于他们自己对农村金融机构发展的理解，因此其认同感、感召力、凝聚力、向心力自不待言。农行要推行"优秀大型上市银行"这一理念，也应该运用"参与式文化构建法"，用沟通营的方式来向基层贯彻和传导。关于"参与式文化构建法"的具体实施方式，我在这里就不再详细说了，大家可以参考我写的《农村金融机构管理》一书（中国金融出版社，2009）。

第二，我认为要切实地向基层传导和贯彻"优秀大型上市银行"的理念，还必须使所有员工和管理者将这一理念的深刻内涵与自身的业务工作结合起来，把这一理念融入自己的具体业务流程和经营工作之中。比如，对于风险管理部门，就要组织他们讨论"优秀大型上市银行"在风险管理方面的基本要求，使他们理解和认识国内外优秀的大型上市银行究竟是如何做风险管理的，从而在业务流程的设计、风险评估手段的运用与创新等方面自觉修正以往的错误做法，向那些优秀的上市银行看齐。切忌把这一理念架空，大家放空炮，对于实际经营管理工作无所助益。

记　者：行动出发点常常是从找差距开始。您以为，农行离优秀大型上市银行的差距表现在哪些方面？基层员工该如何从差距中寻找动力？

王曙光：客观来说，在严酷的市场竞争、多元的企业目标约束以及沉重的历史包袱下，农行能够与时俱进，已经是一个比较优秀的商业银行，其履行的社会责任也举世公认。但是，农行距离优秀上市银行还有一定差距，主要表现在：

第一，农行在很多产业领域还没有形成自己的核心竞争力，其竞争优势还不明显，在严酷的市场竞争面前还缺乏足够的竞争实力。因此，未来农行应该在若干重点产业领域锻造自己的核心竞争力，凸显自己的比较优势。

第二，农行在风险控制能力方面还有待提高，资产质量还有待进一步提升。为此，农行有必要进一步加大在风险管理体系建设、风险管理队伍建设、风险管理技术建设等方面的投入。

第三，农行的企业文化建设还处在初创阶段，农行的核心价值理念、企业长远愿景、企业哲学、企业形象等，还没有得到系统的设计和挖掘，农行作为一个商业银行的社会感召力还不强。未来农行应加大对于企业文化建设的关注，深刻挖掘农行企业文化的内涵，使农行的企业形象深入人心，使农行的价值观和哲学能够在员工中产生深远的影响，从而提升农行的社会美誉度、内部凝聚力和企业形象。

第四，农行的员工整体素质还有待提高，相比较其他商业银行，农行的员工素质偏低，这与农行打造"优秀大型上市银行"的战略目标很不相称。未来农行应该在提升员工素质方面下大气力，在员工招聘、员工培训与教育等方面加以大力改进。

第五，农行在经营管理过程中的合规性建设还有待加强，要在每一个员工和管理层之中强调合规文化，要建立明确的岗位责任制，建立严格的问责制，完善绩效考核机制，使每一个员工都明白合规管理、合规经营、合规操作的重要性，避免不合规现象和各种案件的发生，切实提高资产质量，降低操作风险。

记　者：农行机构网点横跨城乡两个领域，各县域机构面对的市场环境也完全不一样。请问，农行各地分支机构如何因地制宜，寻求切实可行的实现这一共同目标的方法？

王曙光：农行的业务在城乡都有分布，它的大量网点分布在县域和县域以下，而中国的县域经济状况千差万别，农行要在如此多元的市场上保持竞争优势，必须找准自己的比较优势。农行各县域机构，应该首先对本地区的经济状况、产业发展状况、人力资源和自然资源状况有一个深入的了解，然后因地制宜设计出适应当地情况的业务流程和金融产品。比如对于那些县域中小企业比较发达的江浙一带，农行就应该更多地在中小企业担保、中小企业信用评估、中小企业风险测定等方面多做创新；对于那些种植业和养殖业比较发达的传统农业区域，就要多开发适应大规模种植业和养殖业发展的金融产品，使银行业务与农业保险、林权抵押等相结合，重点支持规模化的农民专业合作组织；对于那些小农经济占重要地位的不发达地区，就要重点研究无抵押无担保的信用放款方式，在农户联保方面有所创新。农行要在县域经济中发挥主导性作用并占据竞争优势，必须鼓励各个地区尝试自己的经营管理模式，鼓励各地分支机构的创新，其中的关键点在于各地农行对本地优势产业以及产业形态的判断是否准确。

答客问之三

记　者：追求可持续的价值增长和股东利益最大化，是上市银行一切经营活动的宗旨。为实现这一目标，农行必须改变传统上重速度轻质量、重规模轻效益的粗放式经营模式，来一场发展方式的大转变。您以为农行发展方式的转变该从哪些方面入手？

王曙光：农行上市意味着农行不再是一个唯一以自我意志和政府意志为核心的银行，而成为一个首要以股东意志和股东利益为核心的银行，上市意味着股东利益最大化，这是上市公司的题中应有之义。上市银行当然要关注社会责任和所有利益相关者，但是所有这些关注都要最终为股东创造价值，其落脚点仍在于持续提升上市银行的股东回报，以使得上市银行可以在资本市场上表现出持续增长的业绩并获得投资者的认可。要达到这个目标，农行确实需要在发展战略上来一个彻底的转型。首先，在理念上，要在全体管理层和员工中树立"一切行为都要为公司创造正价值"的核心理念。所谓"正价值"，就是要求上市银行的所有经营行为都要有利于创造新的价值增长点，都要有利于降低上市银行的风险成本和运营成本，都要有利于为上市银行提升社会美誉度和公众认可度。其次，在运行机制设计和绩效考核上，农行要更关注运行的质量而不是规模和数量的简单扩张，要在考核指标上更关注效益指标和风险指标，而不仅仅看员工完成多少量化的工作。举例来说，农行近年来为了回归县域三农市场，以极快的速度推行"惠农卡"，这对于农行三农战略的实施和成功上市是非常必要的，但是在实施过程中也存在着为了快速发放"惠农卡"而盲目追求速度忽视发卡质量的问题。基层农行为了在短时间内完成总行下达的发卡任务，势必不可能对农户的信用情况进行比较彻底、比较从容和比较全面的考察，这种做法一方面使很多经过授信的"惠农卡"成为无效卡或者休眠卡，另一方面也容易使基于"惠农卡"的农户信贷风险增加。将来有必要对这些"惠农卡"的授信情况、农户资产情况和经营情况进行详细的复查，要重视发卡的质量，对那些过度发放的无效卡进行清理。最后，为了实现农行在上市后的发展模式转型，农行要彻底改革内部决策机制，要使得各种决策更科学更合理，更加注重公司价值的提升和股东利益的关注度，杜绝那些仅仅为了扩张规模而有损农行整体效益或对农行的未来发展造成潜在威胁的经营决策行为。发展模式的转变关键在于决策者行为方式的转变，决策者行为模式变化了，整个公司的理念也就发生了变化，其运行机制和考核机制也就随之转变。

记　者：一家上市银行是否优秀，是由投资者、社会公众和权威评价机构等多方认可的，信息披露是否透明及时至关重要。请问，农行如何加强投资者关系管理，认真履行信息披露的义务？

王曙光：世界各国对上市公司都有强制性的信息披露要求，在很多国家，甚至在上市公司法律中详尽规定了投资者、社会公众、中介机构、媒体以及政府相关部门对上市公司的信息索求权利。一家银行一旦上市，就成为公众公司，就要承担信息披露义务，它就有必要将影响投资者和社会公众利益的所有信息公之于众。我国的上市公司信息披露制度日益完善，对上市公司的压力也越来越大。农行要认清这个趋势，以主动的姿态做好信息披露工作，在社会公众和投资者中展示一个负责任的上市公司的形象。农行的信息披露，除了必须完成银监会和证监会所要求的信息披露义务之外，还应通过其他方式做好信息披露工作，使公众和投资者了解农行的经营业绩、创新和所尽的社会责任。定期召开由媒体、业界专家和社会中介机构参与的信息公布会议是非常必要的，这样不仅可以满足社会公众的信息索求，也可以从积极的方面主动在社会公众和投资者中建立良好的社会声誉和社会认同，有利于农行处理好与所有相关利益者的关系。农行要定期发布自己的《企业社会责任报告》，把自己服务三农、服务县域经济、配合国家战略的举措加以公布。把被动的消极的信息披露义务变成主动的积极的信息发布与对外宣传，这是一个高明的上市公司的行为方式。

记　者：可持续的业绩增长是银行价值的核心驱动因素，也是投资者关注的焦点。农行如何才能建立富有吸引力的盈利模式，切实增强可持续的价值创造能力？

王曙光：建立有效的盈利模式的核心在于找准自己的比较优势，并按照自己的比较优势确定自己的发展战略，设计自己的金融产品。农行在城乡均有比较完善的网络，在大中城市和县域与同业比起来均有较强的竞争力。但是相对而言，农行与其他大型商业银行比较起来，其比较优势在县域。这是农行最近以来强调蓝海战略的重要背景和依据。我认为这个定位是很清楚的，也是很有远见的。而切实实施蓝海战略，首先要清楚自己能够做什么，要对自己的客户和产品进行精准定位。我认为，农行在县域蓝海市场的客户群体定位应集中于那些有较高盈利能力、财务状况良好、有规模效应的大中型企业和成长潜力较大的微型企业，在扶持农业方面，也要集中于那些农业龙头企业、农业大型基础设施以及大型农民合作组织。农行与这些具有一定规模效应的企业有比较良好的长期业务关系，信息比较对称，风险相对较小，能够成为农行增强可持续的价值创造力的可靠抓手。同时，农行在拓展业务的过程中，要注重专业性，要以自己的专业化服务确定自己在某些行业的绝对优势地位，根据当地的产业形态、产业发展特征和客户需求来灵活设计金融产品，如此才能创造自己独特的、别人不能超越的竞争优势。盈利模式的创造没有什么秘诀，关键是对当地的产业格局和产业发展有足够深刻的认识，对客户的产品需求有足够细致的了解与把握。基于对客户需求的深刻把握，农行应该着力在客户服务链条的拓展与深化上下功夫，把一些优质客户永久性地牢牢抓在自己手中，为他们提供全方位的无微不至的服务。客观说来，农行的很多经营管理活动以往做得还不够细致，对客户的服务还不够到位，这是导致客户流失的重要原因之一。创造有吸引力的盈利模式，说到底，是要创造有吸引力的服务。服务不好，盈利何来？

记　者：在风险管理与内部控制体系建立方面，在既有的基础上，农行该如何进一步将工作做细做实？

王曙光：风险管理和内控是银行的生命线。在银行经营管理流程的各个环节，都有可能产生风险。具体到农行，我认为重要的风险有四个，即政策风险、决策风险、信用风险和操作风险。农行面临的政策性风险主要由中央监管部门的政策所引致，农行高层要密切关注来自监管部门和中央决策部门的政策走向，尽量避免这些政策的变动给农行运营带来的不确定性。决策风险来自于农行的高层决策者，每一个战略性的决策都要慎之又慎，尤其是在农行转制的初期，内部治理和约束机制尚未完善的情况下，高层决策的科学化、决策程序的合理化和公开化对于农行规避决策风险非常重要。信用风险的防范主要依赖于农行信用评估、信用甄别、信用记录更新、授信等方面的工作能力的提升，以及相应的抵押、质押、担保和保险机制的完善。操作风险的降低，其核心在于在员工中渗入"合规"理念，使管理者和员工的每一个操作和管理活动都符合农行的合规性要求，并在员工中植入"合规创造价值"的企业哲学。农行的基层管理者和员工，由于大多工作在县域，其管理素质和操作能力还有待提高，不合规行为发生的概率较高，因此在员工中倡导合规文化是非常必要的，也是加强内控降低风险的重要一环。强调合规，还要保持对大案要案的高压态势，绝对控制严重不合规的情况发生，避免巨大的操作风险的发生。应采取重点案例研讨的形式，对员工和管理层进行合规文化教育。

记　者： 由于从国有独资商业银行转型而来，农行总体管理架构、运营流程与经营机制仍然留有比较浓厚的行政色彩。上市之后，农行必须彻底地"去行政化"。您以为，农行该如何完善运营管理体系，国内外先进上市银行的哪些成功实践可被农行借鉴？

王曙光： 作为一个主要以国家作为核心投资主体的上市银行，要做到彻底的"去行政化"是很难的。像其他的大型国有商业银行一样，农行在运行过程中带有一定的行政色彩，在现有的产权结构、政治制度体系和法律环境下是不可避免的，属于正常现象。但是过度的行政化对农行是不利的。上市之后，农行已经成为一个公众公司，它主要为股东负责，为股东利益最大化服务，这是毫无疑义的，因此在一定程度上强调"去行政化"，也是题中应有之义。要实现"去行政化"，首先要完善内部治理结构，尤其是要加强董事会的作用和董事会活动的规范化，以促进重大决策的科学化，而不是仅仅听从政府的行政指令。股东大会的重要性应该被强调，股东要有对重大决策的话语权，要有对管理层决策的有效制约，避免出现"内部人控制"局面。要特别重视独立董事的作用，发挥经济学家、审计专家和媒体公众人物的作用，对农行的大政方针的决策进行监督和指导。在部门职能设计和员工岗位设计以及企业科层划分上，要尽可能去掉政府的色彩，避免管理者把自己当成一个"某一级别的官员"，而是把自己看成一个"企业人"。

记　者：农行有44万员工，其中一半在县域市场。员工队伍的素质总体状况与大型优秀上市银行的要求还有不小差距。农行的人才队伍建设该从哪些方面入手打造？

王曙光：提升员工素质是农行打造核心竞争力的长远之策。人才队伍建设无外乎从人员招聘、人员培训和人才升迁激励这三个方面入手。从人员招聘方面来说，农行要提供具有吸引力的发展环境、发展平台和薪酬激励，吸引优秀的金融人才。在人才聘用中要避免任人唯亲，要注重人才聘用中的透明性、公平性和公开性，这在县域及以下分支机构的招聘工作中尤其值得强调。从人员培训这方面来说，农行应该下大气力对基层员工和管理者进行岗位培训，应有步骤、有组织和有计划地对全部员工和管理者进行现代金融知识培训、合规操作培训、风险管理能力培训、企业文化培训，使员工在持续不断的培训中获得较高的工作素质。要打造学习型组织和团队，运用部门内部讨论、专家授课、员工职位轮转培训等多种模式，不断提升员工的业务素质和工作能力。在人才升迁激励方面，要制定合理的人力资源升迁标准和绩效考核方案，应给员工创造一个公平的竞争氛围，打造一个有吸引力的竞争舞台，使每一个人才都能得到正的激励，在竞争中潜移默化地提升员工素质。应有秩序地组织基层员工到更高一级分行或总行参加更高层次的业务培训和实习，使其对最新的金融业务与理念有所了解。应有秩序地组织高一级分行或总行的管理者到基层分支机构挂职锻炼，使其对基层的经营管理模式有更深入的了解，有利于高层决策和管理的进一步科学化，也有利于不同层级之间的分支机构之间的人才流动与信息沟通。

|第八章|

草根金融的生存之道 与政策护航

一、引言: 非均衡的中国经济:
收入分配难题及其破解

温家宝总理在《求是》杂志 2010 年第七期发表了一篇文章，题目是《关于发展社会事业和改善民生的几个问题》。文章提出六大措施促进提高居民收入和改革分配制度，可见现在高层决策者对收入分配已经非常关注。文章谈到要兼顾效率和公平，但要把公平放到很重要的位置，同时提出将来居民收入格局应该是橄榄型格局，但是中国现在是金字塔型格局。

我们从几个方面来看我国的收入分配不均衡的状况。第一，从全国来看，中国居民收入分配差距不断拉大，2000 年以来，基尼系数在不断拉大，2000 年是 0.412，到 2008 年达到 0.458，2010 年上半年据估计达到 0.48。一些学者甚至认为，可能现在已经接近达到 0.5。基尼系数的不断攀升表明近年来中国居民收入差距在不断拉大，整个国民收入的不均衡状况正在加剧。从整个世界的情况来看，我国可能属于基尼系数比较高的经济体，既高于发达国家，也高于很多发展中国家。

第二，城镇居民收入间差距也在不断拉大。如果我们把城镇居民收入分成七个组别的话，我们看到这七个组别，2008 年数据分别是 1985 年数据的 8.9 倍，10.2 倍，11.7 倍，13.3 倍，15 倍，17 倍，22.2 倍，不同组别收入涨幅差距很大，而且收入越低的组别其增长越少，而收入高的组别的涨幅显著增大。所以从总体来看，城镇居民之间的收入差距不断拉大。这个现象值得关注，包括城市中出现的贫困化现象。我们以往只关注农村的贫困化，但很少关注城镇的贫困化。2010 年以来，有好几个省市都在调整最低工资标准，就是试图调节收入分配，其中江苏、山西、浙江、广东、上海都相继上调了最低工资标准，有些调整幅度达到 10% 左右，有的省份甚至达到 25%，其他省份也在纷纷调整。地方政府看到城镇居民收入差距过大已经是个尖锐的问题。当然调节最低工资标准有利有弊，学术界也有很大的争议。利的一面在于此举可以使得城镇劳动者的工资福利上升（这其中也包括农民工），增强他们的平衡感，消除社会不和谐因素，同时提高最低工资标准可以有效扩大城市低收入群体的消费需求，这对于拉动内需是有好处的，因为低收入群体的边际消费倾向比富人要高。但是弊的一面是调高最低工资标准会加大生产者的成本，投资方的投资需求有可能受到压抑，他们的投资需求有可能下降（但并不是必然的），有些地区的投资者甚至会考虑撤出投资。利弊权衡一下，还是利大于弊，毕竟中国纯粹依靠廉价劳动力来发展经济的时代已经结束，将来的发展要更加注重民生，使民众从经济增长中获得实实在在的利益，否则投资增长和产值增长意义何在？

第三，从农村居民内部的收入差距来看，基尼系数也在不断上升。从 2000 年 0.37，到 2009 年 0.4，基本上也是上升的趋势，但是农村基尼系数比全国总体情况要稍微低一些。也就是说农村居民的收入不平衡感要比城市差一些。

第四，从城乡居民收入差距来讲，这个差距就很惊人了。城市和乡村收入差距呈剪刀型，一直在逐步加大。一些省份城镇居民人均可支配收入增幅是农村的 5~6 倍。比如山西是 5.97 倍，内蒙古是 5.03 倍，贵州 5.29 倍。城乡居民收入差距比，如果把农村作为 1 的话，这个比值 1985 年是 1.86，到 2002 年达到 3.11，到 2009 年达到 3.33，这个差距还在不断加大。实际上很多研究收入分配的学者认为，如果把城乡之间医疗卫生、教育等方面的福利因素加上去，大概城乡居民收入差距在 5~8 倍之间。最近我们发现城镇跟农村居民人均可支配收入年均增长率，乡村正在慢慢比城市高一些，比如从 1992~2000 年，我们看到城镇居民人均可支配收入年均增长率是 6.8%，农村是 4.8%，而 2001~2008 年城乡居民人均可支配收入年均增长率分别是 6.4% 和 9.9%，农村从增幅来讲已经超过了城市，这是一个可喜的迹象。尤其是 2005 年开始我们提出新农村建设，这个政策对于缩小城乡差距还是有一定作用。

第五，地区间的收入分配差距非常大。就城镇来讲，人均可支配收入最高地区上海达到 28838 元，是最低省份甘肃人均可支配收入 11929 元的 2.42 倍。农村来看，最高仍是上海，达到 12420 元，是甘肃的 2980 元的 4.14 倍。各地区之间比较，均是城市比乡村发展更快，只有一个省份例外，新疆的农村人均可支配收入增长率是 14.3%，城市是 8% 左右。

第六，行业间的收入分配差距特别大，尤其是一些垄断行业，包括银行业、证券业、航空、烟草、电信、管道运输、石油、电力、广播影视等等，这些行业的收入都非常高，而传统行业如农林牧渔，属于低收入行业，大概相差 5～10 倍。这些垄断行业一般都限制社会资本参与，其市场竞争性不强，长期以来维持了较高的工资水平，比如银行业，其平均工资是全国平均工资的 2.116 倍。从经济学的基本原理来说，如果竞争是比较充分的话，各个行业应该都得到大体一致的平均利润率，否则的话资本就会往高收入行业流动，直到均衡为止。

通过以上六个方面的分析，我们看到我国城镇之间、乡村之间、城乡之间、地区之间、行业之间的收入分配呈现非常不均衡的状况，城镇乡村内部收入差距正在逐步加大，城乡之间的收入差距不断加大，但是近年出现一个新迹象，农村可支配收入增长率在上升，同时地区之间收入差距悬殊，行业间收入差距过大。中国是一个典型的非均衡的经济，这种经济长期导致中国二元结构加剧，内需不足，经济不均衡发展，实际上对于社会结构的稳定性，对于整个国家的稳定性都造成很大的消极影响。最近在全国出现的一些恶性事件，都表明非均衡的中国经济有很大的负面效应，不利于和谐社会的构建。

最近我们看到，从 2009 年开始，中央正在逐渐关注这个问题，2009年中央经济工作会议讲到，要加大国民收入分配调整的力度。2009 年国家发改委下发了一个文件《促进形成合理的分配收入机制》，强调收入分配的公平性，要遏制收入分配差距过大的趋势。2010 年 4 月国务院常务会议决定，深化收入分配和社会保障制度改革是今年最重要的改革任务之一。2010 年有几个举措也很值得关注。首先是 2010 年"新 36 条"出台，这个

"新36条"是和2005年的"36条"有延续性的，即允许社会民间资本进入一些垄断行业，试图以此来激活民间资本，刺激社会的投资需求，拉动内需，这对于中国成功走出金融危机的阴影意义重大。现在中国按照行业分大概有80多个行业，允许外资进入的行业有62个，而允许内资进入的行业有41个，显然这个门槛对民间资本是不公平的。另外2010年第二个新举措，就是前面讲到的各地调高最低工资标准。第三个举措，国务院2010年5月27日提出改革户籍制度，要全国统一颁发居住证，而不是户籍证，户籍制度相信很快要发生改变，这是一个重大的制度变迁，对于我国未来的经济发展和社会发展意义重大。同时，近年来一些有利于收入分配制度改善的举措也在逐步推行，如个人所得税改革、加大财政政策支农力度、刺激农村需求、医疗制度改革等等，我相信这些政策对收入分配都有重大的影响。

总的来讲，中国三大差距，即城乡差距、区域差距、行业差距，我认为是影响宏观经济增长的三个重要的因素，也必将影响中国将来二三十年的长远的可持续发展和社会和谐。建立一个公平正义的社会，建立一个民众普遍有平等感的和谐社会，而不是片面追求经济发展速度，应该成为全社会的共识。

二、发展微型金融有利于缩小收入分配差距

金融发展与收入不平等和贫困的关系一直在发展金融领域存在着巨大争议，金融发展能否减缓收入不平等和贫困，仍旧是一个悬而未决的问题。一些研究认为，金融发展通过促进总体的经济增长而有助于降低贫困并改善收入不平等水平。在一篇影响广泛的经典论文中，Beck等人运用99个国家1960~1999年的数据，验证了金融发展有利于减缓贫困并降低贫富差距，金融发展通过提升穷人的收入增长率、降低基尼系数（用以衡量收

入不平等），以及降低最穷人口的比例，显著缩短了贫富差异，从而金融发展对穷人会产生（比对富人）更显著的积极影响①。但是也有研究表明在经济发展和金融发展的某些阶段，金融体系的扩张反而可能引起收入分配不平等的加剧，经济学家对金融发展是否能够降低贫困表示质疑。有些研究者认为穷人普遍依赖非正规的、带有家族关系或地缘关系背景的融资渠道来筹取资金，因此正规金融部门的扩张只是对富人有利而对穷人没有显著影响。尤其在金融发展的早期，金融体系不发达，资本积累的最初过程会产生贫富收入差异扩大的效应；然而在金融发展和经济发展的成熟时期，资本积累的"滴落效应"（Trickle – Down Effect）使得收入不平等逐步缓解，呈现典型的"库兹涅茨曲线"（Kuznets Curve）效果②。

尽管存在金融发展对收入不平等的"库兹涅茨曲线"效果，然而较严格的信贷约束却对发展中国家和转型国家的贫困造成了显著的影响，由于过多且无效的金融管制、网点设置成本高昂和规模收益低下而引致的存款设施供给不足、信贷风险评估费用过高等原因，农村居民的信贷可及性极低，从而加剧了他们的贫困状态。在很多发展中国家，金融部门改革的滞后使得金融体系很难满足穷人的信贷需求，因此正确的金融改革策略是发展那些更接近目标市场、拥有更完善的社区知识且拥有更有效的信贷技术的微型金融机构，弥补正规金融体系的不足，从而降低贫富收入差异，帮助传统上难以获得信贷服务的穷人摆脱贫困陷阱③。

---

① Thorsten Beck, Asli Demirguc – kunt & Ross Levine (2004): Finance, Inequality, and Poverty· Cross – Country Evidence, NBER Working Paper Series, NO. 10979.

② 14 "滴落效应"最初由以下文献讨论：Philippe Aghion & Patrick Bolton (1997)：A Theory of Trickle – Down Growth and Development, Review of Economic Studies, Vol. 64, pp. 151 – 172. Kiminori Matsuyama (2000)：Endogenous Inequality, Review of Economic Studies, Vol. 67, pp743 – 759. 关于金融发展和收入不平等之间的"库兹涅茨曲线"效应，也见于较早的文献：Jeremy Greenwood & Boyan Javanovic (1990)：Financial Development, Growth and the Distribution of Income, Journal of Political Economy, Vol. 98, No. 5.

③ 15 Gibson Chigumira & Nicolas Masiyandima (2003)：Did Financial Sector Reform Result in Increased Savings and Lending for the SMEs and the Poor?, IFLIP Research Paper 037. Philip Arestis & Asena Caner (2004)：Financial Liberalization and Poverty：Channels of Influence, The Levy Economics Institute f Bard College Working Paper No. 411.

▨ 三、利率市场化与微型金融机构的定价策略①

利率市场化是指政府逐步放松和取消对利率的直接管制，由资金供求双方自主确定利率，以达到资金优化配置的目的；金融机构根据每一笔贷款的预期风险进行定价，而不再由央行进行统一规定基准利率和浮动范围进行约束。其中包含三层意思：一是利率水平由市场供求状况决定，体现价值规律；二是市场主体在充分竞争的基础上自主决定资金交易对象、交易价格、产品期限和交易条件；三是中央银行对利率市场进行间接的监管和调控。

10 年以来，我国逐步推进利率市场化改革，取得了明显的成效，最近稳健推进利率市场化已被写进"十二五"规划建议，利率市场的步伐将明显加快。近年来我国很多金融市场利率已经逐步放开，包括国债、金融债、企业债等的利率水平，基本上已经市场化，但是，必须承认中国的利率市场化在利率调控上存在着很多的问题。本文论述了我国利率市场化必须具备的内部和外部条件及中国存在的不足，重点探讨了利率市场化对我国农村金融市场的影响，对农村中小金融机构的应对策略及其差异化定价机制进行了深入研究，并以宁夏一小额贷款机构为例说明了农村金融机构差异化定价方法。

1. 中国推进利率市场化需要具备哪些条件

当前加快中国的利率市场化条件有了很大的进步和改善。虽然世界经济受种种因素的影响，整体增长不容乐观，但是中国国内经济整体运行情况相对稳健，经济增长也维持在了较高水平。而且，经过过去近十年的努

---

① 本节为王曙光与夏茂成合作完成，原题《利率市场化条件下的差异化定价机制》，发表于《中国农村金融》杂志 2011 年第 24 期（总第 286 期）。

力，中国的利率市场化已经取得初步的成功，为进一步推进奠定了基础；银行业方面，尤其是大型的银行经过系统的重组和整改，整体实力大大增强，风险控制和风险承受能力有了很大的改善；此外，银行业监管和中央银行的掌握大局、宏观调控能力都大大提高。但是中国推进利率市场化在外部条件方面还存在不足和缺陷。

第一，从利率市场化主体来说，金融机构自身和客户两个主体的条件尚未完全具备。

就金融机构本身来说，实现利率的市场化，金融机构掌握自身的定价权，而自身的定价能力是否具备，信贷风险是否能有效规避，信贷费用分摊能力是否到位，现在来看金融机构的能力还是良莠不齐的，特别是一些中小银行根本不具备这种利率定价、风险—收益分析能力。中国现在的商业银行有一个很大的特点，就是同质性，而又不具备定价能力带来的结果就是盲目的经营和竞争，可能带来银行业的混乱。

利率市场化是在市场竞争中产生的，因此要有一个充分公平的市场竞争环境。因为有竞争，有多样化、多元化的产品和服务，有多个机构，总体来讲会产生合理的均衡价格，市场竞争首先一个条件是要有财务硬约束，而不是软约束。中国目前商业银行和现存政策性银行的财务约束完全不一样，有补贴的机构和没有补贴的机构之间、受资本约束和不受资本约束的机构之间是没有办法放在一起公平竞争的。特别是我国，优胜劣汰的市场退出机制尚未建立起来，市场约束并不是十分有效，对存款人的隐性担保还普遍存在。

就银行业服务对象来说，在中国有大量的中央和地方政府背景的企业，而且他们的规模往往比较大，直接的结果就是他们更容易获得贷款支持，相对来说对利率的敏感度要差一些。这些企业在某一个阶段可能更关心的是能不能拿到这个贷款，而不是贷款的成本有多大，这样就会影响利率市场的效果，从这一点来说由于客户在待遇上有了不同的群体，导致了客户层面的不公平竞争。

第二，从市场层面来讲，中国各种金融市场，包括货币市场、资本市场、银行存贷市场，相互之间的联系和沟通还不够成熟，与西方国家还存在较大的差距，这可能是长期行政干预下的产物。不同市场之间的敏感度较差带来的直接后果就是利率市场化下，市场利率价格形成机制和纠正机制作用就会受到很大的限制，影响利率市场化过程的推进和实施结果。

第三，中国市场上存贷产品的替代性金融产品的价格还没有完全放开，在放开存贷款利率的同时，其他一系列上、下游产品和替代产品的定价权也应同时交由市场决定。

总之，中国利率市场化具备了一定的条件，但是这些只能说是一种必要条件，上述不足如果不能修正和完善，中国的利率市场化即使强行推行下去，效果也会大打折扣，甚至会对经济发展产生不良影响。

2. 利率市场化对于农村金融市场的影响

对于农村金融市场而言，利率市场化好似一把"双刃剑"，有良好的发展机遇，也有很大的挑战与之并存。推进利率市场化，农村金融机构也有了自主定价的权力，在市场供求的基础上，根据每一笔贷款的预期风险进行定价。具体来说，包括以下几个方面：

第一，利率市场化有利于推动农村金融市场的竞争与创新，进一步提高农村金融机构的金融服务水平。利率市场化下农村金融机构有了自主的定价权，而带来的结果就是相互之间为争夺客户和市场而展开的竞争。这种竞争外在的表现就是一种利率的竞争，而利率竞争的实质是管理和服务的竞争，只有在管理和服务上领先于竞争对手，才能使自己所报出的价格具有竞争优势。利率市场化后，企业和个人由于对期限、利率、风险程度、流动性等需求不同，将对存贷款产品提出更高的要求。这也要求农村金融机构重新审视原有的组织结构、管理模式和经营策略，不断进行金融创新，推出各种适应和满足客户需求的金融工具和产品。

第二，利率市场化有利于农村金融机构的自我完善。利率市场化后，农村金融机构不再是简单的命令执行者，而是有了自主定价权，根据市场资金供求状况，在进行成本核算的基础上，灵活调整利率水平，利率自主决定空间加大。这有助于建立以头寸控制、成本控制、风险控制、期限匹配为核心的资金约束机制，有利于培养信用社的成本—效益观念。

第三，利率市场化有利于降低农户及中小企业的融资成本，也有利于提高信贷资金的使用效率。利率市场化的结果会是利率竞争的加剧，带来的结果是市场化下存贷利差的降低，竞争市场下贷款利息会下调，对于农户及农村中小企业来说，融资成本会降低。同时，可以有效发挥利率优化资金配置和提高资金使用效益的功能，实现资本利润的最大化。

利率市场化对于农村金融机构而言是一个巨大的挑战，利率市场化带来的竞争势必缩小农村金融机构的存贷款利差，而中国银行类金融机构主要业务是吸收存款、发放贷款，存贷款利率差是其利润的主要来源，农村金融机构在这一点更为明显。此外，利率市场化，利率的定价对于一些定价技术不完善的农村金融机构而言，更是一个挑战。目前中国的贷款利率定价主要是在央行规定的基准利率基础上上下浮动，定价机制比较简单，考虑的因素较少；一旦实现利率市场化，他们如何自主定价将是一个棘手的问题。

伴随着利率市场化，可能出现下面几个问题。

第一，金融市场的竞争问题。利率市场化后，农村金融机构相互间的竞争更加激烈，同业竞争手段将由依赖金融服务转向依赖以价格为主的竞争，这使金融市场竞争因直接影响收益而更日趋激烈。金融机构为争夺存款市场份额，必将争相抬高存款利率，造成其成本的增加，同时，为稳住优质客户，通过贷款实行差别浮动利率会使贷款平均利率水平有所下降。这对实力不强的农村金融机构来讲是个挑战。

第二，农村金融机构经营利润问题。中国银行类金融机构主要业务是吸收存款、发放贷款，存贷款利率差是其利润的主要来源，占营业收入的八九成，中间业务开展相对较少的农村金融机构尤其如此。利率市场化下存贷款利差的减小势必影响金融机构的利润，加上严重的竞争可能有些中小银行难以生存。能否快速有效地办理个人资产业务、中间业务和负债业务，减少工作环节，缩短工作时间，使客户潜在的金融需求能及时转化为现实的有效需求，是一个重大的挑战。

第三，利率风险问题。利率风险是在一定时期内由于利率的变化和资产负债期限不匹配而给金融机构带来的净利息收益损失的可能性。部分农村金融机构的定价能力存在很大的不足，一旦不合理的定价，定价过高或者过低都会对自身产生严重的后果。而且，与这个问题相伴随着的资产负债不匹配、优质客户流失等都潜在着较大风险。

3. 农村中小型金融机构该如何应对利率市场化

第一，提高贷款定价能力，根据客户不同实行差异化定价。

农村金融机构，根据自身和客户的情况实行差异化定价：以申请人信用等级、家庭负债、担保抵押方式、贷款用途等不同权重综合计算，实施差异化定价；并且提高利率定价的透明度，实行利率计算过程、利率政策、计算依据公开的制度。

利率的定价要考虑各种因素，除去申请人信用等级、家庭负债、担保抵押方式、贷款用途等，还要包括自身的预期利润，不同期限贷款的期限风险溢价，资金的机会成本，以及完成的贷款费用等。在实践中，农村金融机构通过成本加成定价模式为贷款制定出合理的价格。即：

贷款利率＝资金使用成本＋贷款费用＋预期利润率＋客户信用状况得到信用风险＋期限风险

资金使用成本：资金在金融市场上用作其他用途所能得的最大利润，即资金的机会成本，可以通过具体的历史数据来求得。

贷款费用：属于非资金性经营成本，包括信贷人员的工资、福利、奖金，管理贷款时使用的用具和设备成本，以及其他的成本支出。

预期利润：在利率市场化下，金融机构要维持下去需要有利润的存在，来维持自己的运营，这个目标利润要考虑包括所处环境、自身条件等等因素。

依客户信用状况得到信用风险：贷款人不能按期还本付息是农村合作金融机构贷款面临的主要的风险；风险溢价是做出的补偿，在确定这种溢价时要考虑不同客户信用等级、家庭负债、担保抵押方式、贷款用途等，并制定系统的定价模型与机制。

期限风险：期限风险是由于贷款期限变化导致贷款损失的可能性和货币时间价值的变化，都需要银行进行系统的计算和确认。

第二，建立金融机构内部的风险防控机制。

利率市场化，利率的频繁波动可能性提高，利率的信用风险和期限风险加大，对中小金融机构有效防范和规避市场化利率风险提出了要求。

首先，要实行有差别浮动利率，他的前提就是科学合理确定利率水平，对优质客户实行优惠利率，防止逆向选择和道德风险问题的发生。

其次，建立动态的利率风险衡量体系。中小金融机构要根据自身资产负债总额、结构、期限变动，以及社会平均利润率变化和利率调整可能引起的利率风险，建立动态的利率风险衡量体系，及时调整存贷款利率水平，并对存款、贷款利率水平和利差最低水平做出限制，将利率风险控制在事先规定的限度内。

再次，建立并加入金融保险体系。实现存款保险，保障存款人利益，增强储户存款信心；把信贷利率定价与发放同代理农业保险工作结合起来，通过推行农业财产保险制度有效规避风险。

最后，改善业务结构，进一步降低负债成本，优化资金配置，切实提高资产质量，搞好成本核算，增强抗御利率市场化风险能力。切实改变存、贷单一的业务经营状况，发展中间业务、表外业务和金融衍生产品等非利差收入业务，调整利润结构，努力实现业务经营多元化，分散和转移因为利率价格变化而带来的风险。

4. 利率市场化条件下的差异化定价：以宁夏掌政镇小额贷款机构为例

在利率市场化的大背景下，定价能力的高低对于保障农村金融机构的竞争力、盈利能力和风险防控能力非常重要。笔者考察过宁夏银川郊区一家小额贷款机构"掌政农村资金物流调剂中心"，它为适应农村金融市场竞争的需要，满足多样化客户的需求，同时也为了增强自己的盈利能力与风险控制能力，在实践中探索实行差异化的阶梯式利率机制。通过对不同客户实行差异化的贷款利率水平，掌政农村资金物流调剂中心培育了独特的竞争优势，在增强盈利能力和风险控制能力的同时，也提升了客户对自己的认同度。

掌政农村资金物流调剂中心的阶梯式差别定价机制遵循以下几个原则。

第一，成本收益原则。即利率定价既能够覆盖各种操作成本和风险，还要取得适当的收益。作为一个商业化运行的小额贷款机构，掌政农村资金物流调剂中心的目标之一是效益和价值最大化，因此差别定价机制也要以效益为核心，充分考虑资金成本、承担风险以及预期资本回报。

第二，市场竞争原则。即差异化的定价必须考虑到市场竞争情况，在综合分析当地农村金融市场供求的前提下，贴近市场，制定出具备市场竞争力的价格，才能有效地扩大中心的市场份额，赢得客户，赢得利润。如果对农村金融市场没有一个准确的判断，对竞争对手的利率定价策略没有一个全面深入的了解，贷款利率定价就很难做到准确和有效。

第三，阶梯式差异化原则。农村金融市场的需求方在个体上存在很大差异，他们在经营项目、抵押物的性质、资金实力和财产状况、经营风险、与中心的关系、偿还贷款的实力等方面千差万别，在定价时应该充分考虑到这些差异，根据客户的具体情况来定价。

第四，简便规范原则。利率定价尽管要考虑到客户的具体差异，但是也不能过于繁琐，要适当精简其操作环节，要使得贷款利率定价具有可操作性和稳定性，使信贷员和客户很容易理解和区分不同的定价及其依据。

基于以上原则，掌政农村资金物流调剂中心的利率定价采用"基准利率＋浮动幅度"的方式，其中浮动幅度的确定参照以下四大因素。

第一，政策因素。按照客户所属的行业，将其分为鼓励性、一般性、限制性行业。同时，根据中心服务三农的战略定位，重点划分出三农客户。不同行业的客户对应不同的浮动幅度，其中三农客户上浮的幅度最低，充分体现中心的扶贫性、支农定位和社会责任意识。

第二，经济因素。浮动利率的范围要考虑到贷款额度。贷款额度与公司贷款风险和管理成本在一定条件下成正比（这里不考虑规模经济的情况），对于单笔贷款额度越高的企业，就要适用更高的利率水平，浮动幅度越大。掌政农村资金物流调剂中心在实践中，将客户的贷款额度分为5~6个不同的档次，适用于不同的利率浮动水平。

第三，风险因素。这里主要考虑客户的信用等级和贷款抵押担保方式。在客户信用等级方面，根据客户实际，依据客户授信管理办法，评为优秀信誉户的客户或者信用等级较高的客户可以享受到最高10%的利率优惠。同时，按照抵押担保方式的不同，对有正规抵押物的借款人，其贷款利率水平低于变现能力不强的宅基地使用权、设施农业经营权和其他各种实力担保方式的贷款。

第四，合作历史。对于那些与掌政农村资金物流调剂中心合作时间较长、关系牢固、经过长期考验被证明是有信誉的客户，由于其发生道德风险的可能性较低，因此适用于较低的利率水平。而对于那些新近与公司发生信贷关系的客户，则要适用较高的利率水平。利率浮动与合作历史挂钩，也是为了鼓励客户与公司的长期合作。其贷款利率见表8.1。

表8.1　　　　宁夏掌政镇农村资金物流调剂中心贷款利率表

宁夏掌政镇农村资金物流调剂股份有限公司贷款利率表（股东）
（2011 年 03 月 03 日）单位：月利率‰

贷款形式	贷款种类	贷款额度	六个月	一年	备注
信用担保贷款	生产扶持贷款	5000 元以下	8.665	9.715	逾期贷款按日息万分之六收取罚息
	一般生产和生活消费贷款	5001～10000 元	9.2125	10.3375	
	生产发展和创业贷款	10001～20000 元	10.3075	11.5825	
	扩大再生产贷款	20001～30000 元	11.4025	12.3275	
抵质押及有实力担保贷款	特色产业贷款	30001～50000 元	15.3	16.62	抵质押
			16.5	17.46	担保
	规模产业及多种经营流动资金贷款	50001～100000 元	17.4	18.66	抵质押
			18.6	20.16	担保

5. 结语

利率市场化是中国金融市场进一步发展的必然要求，对于货币市场、资本市场的进一步完善都有重大的意义，是不可逆转和阻挡的历史潮流。

但是，我们必须清楚地认识到，要实现利率的完全市场化，需要严格的外部和内部条件，而不能不顾条件地强行推进利率市场化。目前中国虽然具备了利率市场化的初步条件，但还是存在着很多不足，无论是对利率市场参与主体来说，还是对中国整体的金融市场来说，都存在影响或者制约利率市场化的因素，在系统推行利率市场化之前，这些问题是需要我们去重视和解决的。要知道，利率市场化，一个"化"字体现的是这一动态的过程，需要一段时间来完善各方面的条件。

此外，由于农村在中国经济中处于相对弱势的地位，而服务于农村的金融机构，特别是一些中小型的金融机构也具有相对的脆弱性。利率市场化对他们来说有很好的机遇，但是更明显的是严峻的挑战，如果在利率市场化的浪潮中处理不得当可能威胁其生存，这就需要给予更多的关怀和帮助。在利率市场化中促进农村金融市场的良好发展，为中国农村经济的发展提供更加充足的资金支持，不仅关系到中国利率市场化成功与否，而且还关系到中国整体经济的发展，不容忽视。

四、农民资金互助的运行机制、产业基础 与政府作用[①]

1. 农民资金互助的政策和法律环境与模式选择

银监会于 2006 年 12 月 22 日公布了《关于调整放宽农村地区银行业金融机构准入政策更好支持社会主义新农村建设的若干意见》，这是农村金融新政的起点。新政主旨在于，允许社会资本进入，建立三类新型农村金融机构，以解决农村地区金融空白和竞争不充分的问题。鉴于 20 世纪 90 年代农村合作基金会的经验教训，监管部门在农村金融和信用合作领域一

① 本节为王曙光与王东宾合作完成，发表于《农村经营管理》2010 年第 8 期。

直采取谨慎态度。在这份文件中，银监会实际上正式承认了农民资金互助的合法性，在信用合作领域重开口子。然而，截至2010年6月，全国目前仅有23家农村资金互助社，相形之下，村镇银行已经成立了214家，政策取向非常明显。

在金融新政之前，全国人大常委会通过了《农民专业合作社法》，自2007年7月1日起正式施行。这部法律解决了农民专业合作社的法律地位问题，同时，也因将信用合作排除在外备受质疑。农村金融新政一定程度上弥补了这个缺陷，但批准数量太少，还是难以从根本上解决问题。毕竟，二十几家资金互助社与全国60多万个村庄、15万家合作社相比，杯水车薪而已。因此，农民资金互助仍然需要进一步突破政策窠臼，以适应农村现实的需要。

2008年十七届三中全会公报《关于推进农村改革发展若干重大问题的决定》中提出，"允许农村小型金融组织从金融机构融入资金。允许有条件的农民专业合作社开展信用合作"。实际上从政策文件角度承认了农民信用合作社的合法性，并且鼓励了专业合作与信用合作的结合，即所谓的"两社合一"模式。2009年中央一号文件中再次提出，"抓紧出台对涉农贷款定向实行税收减免和费用补贴、政策性金融对农业中长期信贷支持、农民专业合作社开展信用合作试点的具体办法"。

2009年2月，银监会、农业部联合发文《关于做好农民专业合作社金融服务工作的意见》，从五个方面细化了农民专业合作社的金融问题。这五个方面包括将农民专业合作社全部纳入农村信用评定范围、加大信贷支持、创新金融产品、改进服务方式、鼓励有条件的农民专业合作社发展信用合作，在信用合作方面提出了更具体的要求，初步具备了可操作性。

从政策演进的路径大致可以看出，农村金融新政中，政策逐步放宽，并允许地方探索实践的方向，从而地方政府也积极参与其中，形成了多元的政策框架，在政策交汇点，出现了大量的创新做法，形成了农民资金互助的多种模式。目前，在多元的政策与法律环境下，获得正式或部分认可的农民自己互助组织大体上可以分为三类：一是银监会正式批准的农村资金互助社，即上文提到的23家，当属农民资金互助组织的；二是地方政府认可的农民资金互助社，如安徽凤阳等地的做法；三是农民专业合作社内部所设立的资金互助部。在十七届三中全会之后，随着政策放宽和地方鼓励创新实践，这类资金互助组织大量出现，如北京市通州区政府农业部门还专门制定政策，提供财政支持，遴选较好的农民专业合作社，引导、规范其发展资金互助业务。此外，在广大农村中，很多过去没有获得认可的农民资金互助组织，近一两年，也逐步地获得了监管部门和地方政府部门的认可和支持。如河北顺平白云乡南吕村的农民资金互助组织，由广兴蔬菜专业合作社的社员发起成立，开始并不被认可，甚至要遭到取缔，后来由于中央政策的支持态度，以及合作社与政府部门的不断协商，最终得到了认可。

2. 资金互助与专业合作的结合与发展

从政策导向来看，农村金融新政乐于支持农民专业合作与资金互助的结合，允许和鼓励专业合作社进行资金互助业务。从现实发展中，不论是哪种模式，都不约而同地选择了专业合作与资金互助的结合。

第三种模式自不待言，资金互助就是从农民专业合作社中发展出来的。例如，北京市通州区的资金互助试点就是从区内合作社进行遴选，确认了18家试点的农民专业合作社，参加试点的成员必须是合作社成员。选择的标准有四个：一是必须有产业基础；二是必须社员自愿；三是社员之间必须有良好的信任与合作关系；四是合作社的管理者团队必须值得信任。2007年最早进行试点的果村蔬菜专业合作社，社员255名，经营蔬菜面积1000亩，所生产的芹菜在北京地区很有名。启动资金互助试点时，参与的社员164户，占合作社成员的64%，共加入股金13.56万元，政府扶持了11.41万元，当年满足了42户成员的资金需求。

第二种模式中，农民的资金互助组织一般在工商部门或民政部门注册，表面看来与农民专业合作无关。但实际上，农民资金互助组织的发展并不是最终目的，解决农民贷款难问题，推动农村经济发展，促进农民增收才是政策目的，而农民专业合作社往往成为一种合宜的政策工具。以第二种模式的代表安徽凤阳县为例，前任县长范迪军在总结经验时，认为

"发展农民合作社，我们推崇的是两社合一的模式。所谓两社合一，是指农民生产合作社和资金互助合作社的融合。在专业的生产合作社，我们提倡搞资金互助，在资金互助合作社，我们提倡搞生产合作。我们提出'民管、民享、民受益'的口号，提倡发挥农民的伟大的合作精神。实际上，农民是很有创造性的，很多事，不是我们推动的，而是农民自发的，政府只是给以扶持而已。农民资金互助社的目的，就是小钱聚大钱，大钱大家用，起到聚集民间资本的作用。同时，我们提出政府支农的财政资金有偿使用、重点支持创业项目的主张"。资金互助组织于工商部门或民政部门独立注册的原因在于，以此在农民专业合作与信用合作之间建立防火墙，防止产业风险汇集到敏感的资金互助领域，提高资金互助的安全性。

第一种模式最值得深入观察。这类资金互助社经过最严格的审批和考核，在银监部门独立注册，拥有完善的办公设备、安保设施，业务流程也很规范，同时接受最严格的监管。与其他两种模式的资金互助组织相比，这类实际上与农民专业合作社最为分离且独立。然而，在田野调查中发现，即便这类资金互助社，也与农民专业合作社有机地结合在一起，其中以青海的兴乐农民资金合作社最为典型。

青海西宁地区的自然条件相对较好，农业产业尤其是蔬菜产业发展较快，农民合作组织也比较发达，农户收入水平也相对较高。由于西宁的高附加值农业投资较大，农户资金需求很大。早在2007年，我国农村金融新政刚刚破茧而出，青海省就率先成立兴乐农村资金互助社，这是全国第一家设在乡镇一级的农民资金互助社，也是青海第一家资金互助社。兴乐农民资金互助社位于西宁市乐都县雨润镇，互助社股金已经达到40.77万元，社员112个，存款余额达124.79万元，贷款余额为112万元，累计贷款约139万元，贷款累计户数为89户，对解决当地农民信贷难问题起到很大作用。青海农民资金互助社发展如此迅猛的原因在于青海模式中农民的信用合作（资金互助）与专业合作结合度很高，农村金融与产业发展得以匹配起来。这种结合产生了很好的效果。第一，资金互助社为合作社成员提供了大量的借贷支持。小到帮助农民购买化肥、农药等，大到提供十几万贷款用于大蒜收购和储存，资金互助社都为合作社成员提供了便利的服务。

第二，专业合作社为防范信用风险提供了保障，成员之间彼此了解，具有信息优势。同时，合作社成员的产品主要是通过合作社统一销售的，很多农业物资也是统一购买的，这使得合作社实际上成为一个共同体，是限制成员违约的强有力的机制。第三，资金互助社与专业合作社的合作，使得资金互助社在农民中迅速得到信任，农民敢于到合作社存款，敢于利用互助社作为结算平台。这对互助社的长远发展而言是至关重要的，业务结算平台的功能也保证了农民增收后的正常还贷。总之，专业合作与信用合作的结合，使得农业产业的发展与农村金融的扩张产生了正强化效应，二者在实践中互为补充，协同发展。

综合来看，当前农民资金互助组织发展存在一个良好趋势，就是资金互助组织发达的地区，往往都是农业产业比较发达，农民专业合作社发展比较迅速的地区，而且二者慢慢有机地融合到一起。作为一个反例，2010年北京大学调研组在甘肃广河、夏河地区调研时发现，当地农民对资金互助政策几乎一无所知，其中一个重要原因就是因环境因素的限制，当地农业产业非常不发达，也几乎没有农民专业合作社，因而对资金互助业务的需求很少。

这一趋势意义重大，这表明当前农民资金互助的发展具有一定的产业基础，是对农业发展中农民所产生的资金信贷需求的引致反应，如此一来，农民信用合作、专业合作与农业产业发展将得以有机地结合，并刺激农村经济的发展。从社会影响和资金安全的角度来看，具备农业产业基础的资金互助，将有利于克服当年农村基金会的弊端，防止脱离农业产业的互助资金空转所产生的风险，使之安全可靠地服务农村经济。

3. 政府对农民资金互助的政策扶持与监管

农民资金互助属于农村金融领域，与农民的生产生活息息相关，并且极为敏感，处理不好，会产生很多不良的社会影响，因此其发展离不开政府有关部门的扶持与监管。政府的政策扶持主要在两个方面。一是合法性支持，即从法律和政策角度认可与支持农民资金互助组织，这是农民资金互助发展的前提条件。核心就是农民资金互助组织的注册问题，使之能够有一个合法的身份。离开这一点，农民资金互助的发展将无从谈起。二是财政税收政策的支持，使之具备经济上的可行能力，帮助其渡过初期瓶颈，形成自我发展能力。例如，凤阳为推动农民资金互助合作社的发展，制定了一系列的扶持政策，涵盖了注册、资金、管理等很多方面。第一，工商部门为农民资金互助合作社注册，注册采取零收费、零距离、一站式，尽量减少农民资金互助合作社的成本。第二，民政部门也可以为农民资金互助合作社登记注册，各种费用全免。第三，允许农民资金互助合作社在人民银行、其他商业银行以及农信社开户，这样资金往来比较方便。第四，鼓励银行给农民资金互助合作社贷款，县财政给予贴息。第五，试点期成立的资金互助社，每家给予2000元的财政奖励。

北京通州区则是通过农村经济经营管理站来引导、鼓励并监督农民资金互助组织的发展。其实施的财政支持力度更大，2007年至2009年，政府部门共投入扶持资金45.3万元，其中补贴社员存款利息12.8万元，支持本金32.5万元，另外补贴互助资金设备12.76万元。

资金互助的特点在于尽管数额可能不大，但社会影响范围广，社会关注度高，对安全性的要求极高。因此，在农民资金互助组织的发展中，政府部门更为重要的责任在于监管方面，强化资金互助的规范经营和风险控制能力。深入考察通州区的做法可以发现，在大胆进行实践探索的同时，采取了极其谨慎的态度，包括扶持政策在内，都是围绕着监管和风险控制，以扶持政策促进监管，以监管保证安全性，以安全性保证发展。

第一，补贴互助资金设备的12.76万元主要用于财务管理软件、电脑和打印机，进入试点的专业合作社资金互助业务部分要应用统一的管理软件，原始数据向经管站开放，使得经管站能够实时监控资金互助社的经营活动，并与季度性的文本监管方式相结合。

第二，财政按照资金互助社本金的10%注入补贴资本金，三年共支持32.5万元，这部分资金不能动，是风险储备资金，用于抵御借款产生问题的风险。同时，财政按照3%的利率为互助社的本金提供贴息，补贴三年，到2009年底，共12.8万元，主要用于资金互助社初期维持正常经营运转。

第三，明确农民资金互助的性质为合作性金融，因此应严格限定在成员内部，利用成员的闲散资金，规模不宜过大。试点期，经管站即已经规定了资金互助社的资金规模指导原则，发展过快的要求放缓步伐，总结经验，操作规范后再扩大规模。

第四，本金要求百分之一百安全。为保证这一点，从四个方面入手严格管理。一是资金来源除政府或外界扶持资金外，严格限定在社员内部，借款也仅限于成员使用；二是额度担保和人数担保相结合，要求借款数额不得大于担保人的互助金总额；三是比例控制，成员借款不得高于股金的15倍，且单个成员的借款额不能高于互助社股金的20%，借出资金应在30%以上的成员中分配；四是以财政补贴本金和风险拨备作为最后的保障线，防止不可抗拒因素导致的违约风险。

第五，明确资金用途为流动资金，不提供固定资产投资支持，因此借款期限严格限定在一年以内，保证大多数成员都能受益于互助资金，同时降低长周期带来的资金风险。

因此，政府的扶持政策应建立在农业产业发展的基础上，顺应农民的资金需求，尊重农民的自主性和真实愿望，为资金互助提供合法性认可和适宜的财政、税收补贴政策，并不直接干预资金互助社的具体经营活动，保证其独立性。但另一方面，政府有关部门应执行最严格的监管责任，为资金互助经营提供指导原则和红线区域，规范其经营行为，保证农民资金互助金的安全性，以稳健的原则促进农民资金互助的长期可持续发展，这更加考验政府的执政能力和监管智慧。

五、更多信贷资金投向"三农"急需政策护航

制约我国经济长远发展和可持续增长的最大障碍是什么？也许答案有很多，但农村发展滞后、城乡差距拉大、二元结构加剧，一定是出现频率

最高的答案。最近中央经济工作会议刚刚落幕，央行行长周小川随即表态，2011 年要将信贷资金更多投向实体经济特别是三农和中小企业。这是促进我国经济稳健协调和可持续增长、消除二元结构、实现城乡普惠式均衡发展的重要举措。提升农民的信贷可及性，提高农村信贷对农业增长的拉动力度，以及进行更为深刻和更为广泛的农村金融改革，这些措施在后金融危机时代，绝不应仅仅被看作是农村领域的变革，还应该提高到我国经济增长模式调整和可持续发展的高度去认识。

信贷资金更多投向"三农"这一政策指向非常明确，但是作为资金供给方的金融机构，其考量的首要问题是信贷资金的安全性以及盈利性。因此，要落实中央经济工作会议的精神，要真正使更多的信贷资金流向"三农"，鼓励更多的金融机构向"三农"进行信贷倾斜，就需要有系统的政策框架来支撑。

第一，要继续加大我国农村金融存量的改革力度，尤其要吸引民间资本继续注入农村金融机构，以扩张其信贷资金规模。银监会在 2010 年 9 月 1 日出台了《关于高风险农村信用社兼并重组的指导意见》，试图借助金融机构和民间资本的力量，对高风险农信社进行"输血式改造"，从而不仅有效化解了这部分高风险农信社的经营风险，改善其生存状况，而且可以通过其他金融机构和民间资本的注资，极大地改善这部分农信社的法人治理结构。在 2011 年，应该将这一政策进一步放宽，积极鼓励民间资本整合现有农信社，提升其资金实力。

第二，要在农村金融的增量改革方面加大力度，鼓励各类新型农村金融机构的发展壮大，以使农村信贷的供给主体不断多元化。截至 2010 年底，全国仅有 35 家村级农村资金互助社在银监会注册，村镇银行也不过数百家，远远没有达到银监会此前提出的工作目标，对于农村金融供给来说可谓杯水车薪。因此，要达到中央经济工作会议的要求，必须积极建立村镇银行、小额贷款公司和农民资金互助社等新型农村金融机构，步子要快一些，胆子还要大一些。

第三，要制定农村金融机构支持"三农"信贷的奖励性政策框架，在财政补贴、税收减免等政策方面给以鼓励，以弥补各类金融机构支持"三农"的成本，使其达到经营上的可持续性，能够在有效提升其核心竞争力的前提下有动力向农村地区增加信贷供给，缓解农村资金的大规模外流。要落实和完善涉农贷款税收优惠、定向费用补贴、增量奖励等政策，激励农村金融机构更多地把资金贷放给农村居民和农村中小企业。

第四，要注重农村金融的机制建设，全面建立农村信用机制、抵押担保机制、农业保险和再保险机制、政府支农资金运作机制等等，为农村金融发展奠定制度基础。

第五，要建立大型金融机构和微型金融机构资金对接机制。涉农的大型金融机构，如农业银行、农业发展银行等，要发挥其比较优势，通过向微型金融机构（农民资金互助组织、小额贷款公司、NGO 小额信贷组织、村镇银行等）进行批发贷款而把业务半径辐射到农户。这样，大型金融机构能够致力于帮助那些根植乡土的微型金融机构和 NGO 组织，为这些更了解农村社会、具有信息优势而无资金优势的微型机构提供资金支持。

第六，针对西部（尤其是边远民族）地区农民信贷意愿强但信贷供给严重缺乏且金融服务空白区广泛分布的现状，应积极运用财政、经济和行政手段，尽快消除欠发达地区的金融服务空白区，满足农民的基本信贷需求，如此才能真正缩短城乡差距和区域发展差距。2010 年中央"一号文件"对农村金融问题极为关注，提出"要抓紧制定对偏远地区新设农村金融机构费用补贴等办法，确保 3 年内消除基础金融服务空白乡镇"，这将是中国构建普惠金融体系的重要举措。

六、中国小额信贷的困境和资产证券化

上世纪 90 年代初期以来，中国的小额信贷获得了快速的发展。现在，中国的各类金融机构，包括商业银行、农村合作金融组织、小额贷款公

司、村镇银行以及公益性小额信贷机构，都在向一些原本难以获得金融服务的低收入人群、微型企业和农户发放小额信贷，并在机构的可持续性方面获得长足的进展。

20 世纪 60 年代开始，一些发展中国家和国际组织在"资本积累是增长的发动机"以及"农民需要的资本远远超过他们能够进行的储蓄"信念的指引下，开始为贫困者提供扶贫贴息贷款，但低利率的农业贴息贷款政策引起了金融市场效率低下和严重扭曲。1974 年，孟加拉国吉大港大学教授穆罕默德·尤努斯博士开始了打造乡村银行的成功实践，带来了真正意义上的小额信贷。此后，亚洲和拉美一些发展中国家的先行者们，借鉴传统民间借贷的一些特点和现代管理经验，结合当地经济、社会条件以及贫困人口的经济和文化特征，在不断摸索和试验的基础上，创造性地构建出了多种适合贫困人口特点的信贷制度和模式。严格来说，小额信贷是向传统上难以获得基本金融服务的贫困人口和弱势群体提供的持续的信贷服务，是一种基于接受贷款者信誉的无抵押无担保的小额度的信用贷款，以实现贫困人口的自我脱贫和贷款机构的可持续发展为最终目标。但是，小额信贷这样一个传统的定位在今天的中国不断被突破，在学术界和业界也产生了很多争议。很多小额贷款公司出于追逐高额回报的目的，开始以比较大的额度向中小企业发放所谓"小额信贷"，与经典意义上的小额信贷大相径庭。最近发生在印度的小额信贷危机加重了人们对小额信贷本身的质疑和担忧。

引发质疑和争议的一个核心问题是小额信贷的利率问题。比如在孟加拉，小额信贷的批评者认为，小额信贷的利率水平太高，小额信贷已经蜕变为"穷人的陷阱"，穷人不得不偿还 20% ~50% 的利率水平下的贷款，这是"在穷人身上吸血"，因而政府应该限制利率。在印度，很多人也持有这样的观点。另一种支持的观点则认为，利率是竞争的结果，政府不应该限制利率水平，市场化的利率水平是保证小额信贷机构自身运行可持续性的重要条件。小额信贷不同于一般的扶贫方式，它是一种商业化的运作模式，因此必然讲求回报。

小额信贷运行模式按照不同的标准，可以有不同的分类：按照机构目标的不同，可以简单分为福利主义和制度主义，福利主义小额信贷更注重项目对改善穷人经济和社会福利的作用；而制度主义小额信贷则更强调机构的可持续性，强调在高回报的前提下实现机构的可持续发展。在不同的理念下，小额信贷就有不同的发展路径。现在，各类商业性的小额信贷机构开始迅速成长，它们无一例外地强调利润，强调给股东和投资者以较高的回报，这是非常危险的信号。印度在2010年10月爆发的小额信贷危机，根本上来说就是小额信贷机构在高回报的诱惑下，采取不理性的行为恶性竞争，导致利率过高和穷人的高负债，最终导致安德拉邦（占印度小额信贷的30%）的部分还款人终止还贷并导致部分妇女自杀。因此，过度强调高回报、高利润，会引发高利贷的产生，从而产生极为危险的社会后果，最终也会损害小额信贷机构本身的利益。

因此，在商业性和公益性之间，要强调一种平衡。一方面，小额信贷机构的核心是其商业性，它不是对资金需求者进行简单的慈善性的捐助，而是期望通过商业性的贷款，提高借款人的生产能力并产生商业性回报，从而实现小额信贷机构的自我维持和商业上的可持续性发展，同时也内在地提高当地贫困人群的生活水平。商业上的可持续性也是吸引大量投资者加入小额信贷事业的重要条件之一，小额贷款已经被证明是可以实现商业上的可持续性并获得可观利润的，这一点已经被越来越多的国际投资者（包括像花旗银行这样的著名商业银行）所认识。资本是要获得利润的，不理解这一条颠扑不破的原则，小额信贷就不可能获得长久的发展。但是如果过于强调商业性，从而以巨额的商业回报作为招牌来吸引投资者，也是不可取的。高利贷、股东和投资人的高回报、管理层的高收入，这些东西会使得小额信贷逐渐偏离正常的发展轨道，最终导致机构的危机，印度的教训不可不汲取。

束缚中国小额信贷发展的一个瓶颈因素是资金来源问题。由于现有的小额信贷政策中规定小额贷款公司不能吸收储蓄，使得小额贷款公司的资金来源受到限制，因此如何实现资金来源的可持续性和多元化，是现在小额贷款组织最为头痛的问题。政府在小额信贷机构存款业务上的限制，导致小额信贷机构在与其他金融机构竞争时处于天然的弱势地位。

资金来源不足，不仅导致小额贷款公司的筹资成本高，直接推高了贷款利率水平，从而出现高利贷，还有可能引发小额贷款公司的"变相吸储"。要解决这个问题，一方面是对优秀的小额贷款公司实施"升级"，即让部分业绩卓越的小额贷款公司成为可以吸收存款的乡村银行；另一方面，可以通过创新的办法拓展小额贷款公司的筹资渠道（包括上市）。最近我国出现的小额信贷资产证券化就是一个很好的尝试。据媒体报道，2011 年 7 月 19 日，重庆瀚华小额贷款有限公司等三家小贷公司近 1 亿元的信贷资产收益凭证正式开始在重庆金融资产交易所进行首次小贷公司信贷资产证券化交易。早在 2011 年 5 月中旬，中国人民银行副行长刘士余曾表示，小贷公司在发展过程中面临资本金来源不足等问题，可以考虑信贷资产证券化。此次重庆金交所推出的产品名为"瀚华小贷 2011 年第一期小贷资产收益权凭证"发行的产品一共 5200 万元，被分为三档，优先 A03 档（三个月）、优先 A06 档（6 个月）、普通档分别为 2500 万元、2000 万元、700 万元。

对于通过资产证券化来拓宽小额信贷机构的筹资渠道，我是抱着积极的期待的，这种金融创新无疑会极大地增强小额贷款公司的资金实力，不仅缓解其资金瓶颈，同时在一定程度上减少了小额贷款公司的一些不合规的"变相吸储"行为，有利于小额贷款公司的良性发展。但是，在资产证券化这一创新背后，是投资者对于小额贷款机构的利润压力的增加。投资者当然是希望有高回报的，但是小额贷款公司如果以高回报来承诺投资者，则很有可能扭曲小额信贷机构本身的经营行为，这是需要高度注意的。资产证券化对于小额信贷机构是一个福音，也是一个紧箍咒。小额贷款公司如果在投资者的压力下"唯利是图"，则其经营必然隐藏着巨大的危机。印度小额贷款机构在上市之后，面临股东的巨大压力，结果导致其过度的商业化和利润导向，从而引发大面积的社会危机，其前车之鉴值得警惕。

七、尊重草根，激活乡村——农村微型金融机构的创新与发展[①]

草根金融或者说微型金融是最贴近农民的信贷组织，它的前景非常广阔，但是在实践当中，中国微型金融的发展还面临一些障碍。

如果从近一百年的长期历史视角来看，我们发现农村金融在中国的发展实际上总是滞后的，这种滞后不仅体现在最近三十年。从大约上世纪二三十年代以来，一些有识之士，包括从国外留学回来的一些知识分子，都在中国积极推广农村信用合作事业。新中国建立之后，政府也一直在提倡农村金融的发展，而且在最近的三十年过程当中，中央政府做了很多努力，做了很多尝试。但是农村金融总体来讲，仍然远远滞后于我们的期待，滞后于农村的发展和农民的信贷需求。为什么？我想其中最根本的原因在于工业化。中国在近一个世纪以来一直处于工业化的进程当中，中国的金融体系要为工业化和赶超战略服务，要为工业化的迅猛开展提供大规模农业剩余。这是国家工业化的前提。所以尽管很多力量都在推动农村金融的发展，但是农村金融的宿命或者说使命就是要为城市、为工业部门、为国有经济、为整个国家的初级工业化提供更多的资金支持。这是我们在近一个世纪的时间里，农村金融发展滞后的一个最根本的原因。这是时代所决定的，不是哪个人的意志所决定的。

回顾一下最近三十年，1979 年到现在 30 年的时间里，农村金融领域发生了很多重大事件，这些事件让我们眼花缭乱，比如 1979 年农行恢复、1994 年农发行成立、1996 年行社分离后农信社独立运营、1999 年中央政府决定取缔合作基金会等等，这些事件都对农村金融的发展起到了或正

[①] 本节根据作者 2010 年 6 月 12 日在山西永济"小额金融创新与农村发展研讨会"上的发言整理而成。

面、或负面的作用，但是不管怎么样，所有这些措施都没有使得农村金融服务得到根本改善。2008年中国人民银行公布了一个数据，中国农村金融服务的空白乡镇达到大约8000多个，即使在浙江这样的资本高度集中的区域，农村金融服务的空白乡镇竟然达到153个，这是一个十分惊人的数据。这些空白乡镇说明中国农村金融服务是严重短缺的、空白的，远远不能满足农民日益增长的信贷需求。

但是今天我们这个时代走进了工业化的后期，在工业化的后期，经济发展的一个基本规律就是城市反哺农村，工业反哺农业，城乡一体化发展。这是一个不以个人意志为转移的基本规律。所以我们看到从2005年到现在，中央一系列的旨在提升农村金融服务的决策，我称之为"农村金融新政"，绝不是偶然发生的，也不是某一个领导人在某一个早晨突然有了一个感悟或一个灵感之后来推进这些新的举措，这个变化是历史性的，是在新的时代所必然发生的现象。2005年央行小额贷款公司试点，2006年银监会推进新型农村金融机构试点，加快建立村镇银行、贷款公司和农民资金互助组织，2007年邮储银行成立，同年《农民专业合作社法》正式颁布，2008年以来各地农村商业银行以及其他新型农村微型金融机构的组建更是如火如荼。这些举措实际上都是工业化后期必然出现的现象，农村金融新政的根本目标，就是要回归乡土，回归农村，让农村金融机构重新为农民服务，为农业的转型服务，为农村发展服务。

今天，中国的农村金融体系不管还有多少人在批评，但是不可否认，现在的农村金融体系跟五年前、十年前相比，发生了翻天覆地的变化，这个变化，这个进步和成就，我们也必须承认。农村金融新谱系包含五层，最高层是一个巨型的政策性金融机构农发行；再往下一层是巨型银行类农村金融机构，包括农行和邮政储蓄银行；第三层是大型银行类农村金融机构，包括全国各地的农村商业银行、农村合作银行；第四层是面向农村基层的金融机构，包括村镇银行、农村信用社、贷款公司，它的规模稍微大一点，但主要是针对中小客户；最底层的这一块，我把它称之为最草根的农村金融机构，就是村级的农村互助金融组织、NGO小额信贷组织，以及规模比较小的、像富平小额贷款公司这样设在村里的微型金融机构。农村金融的新谱系已经初具规模，这是近 5 年来农村金融改革的巨大成果。

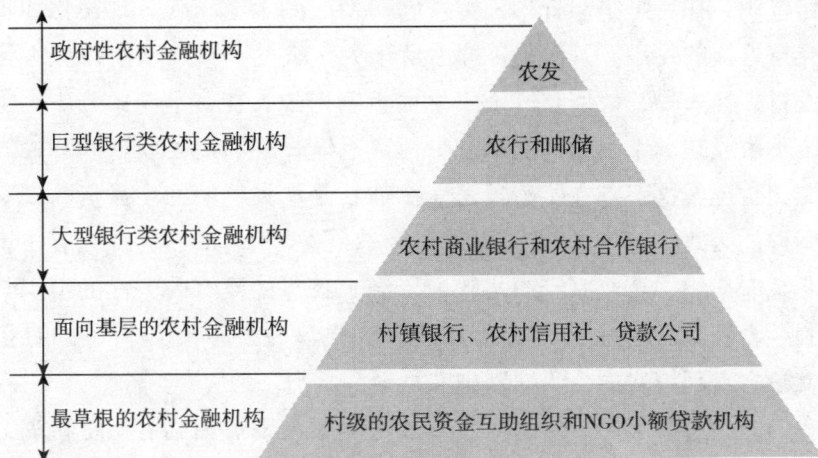

图中文字（从上到下）：

政府性农村金融机构 — 农发

巨型银行类农村金融机构 — 农行和邮储

大型银行类农村金融机构 — 农村商业银行和农村合作银行

面向基层的农村金融机构 — 村镇银行、农村信用社、贷款公司

最草根的农村金融机构 — 村级的农民资金互助组织和NGO小额贷款机构

图 8.1 我国农村金融的新谱系

但是我认为，到今天为止，中国的所谓现代农村金融制度并没有彻底建立起来。在我设想当中，现代农村金融制度是多层次、多功能的一个体系，所谓多层次就是大中小和草根金融机构同时存在，可以满足不同层次的客户的需求；所谓多功能要满足现代农村金融体系当中多方面的需求，农村金融不光包含信贷机构，还包括农业保险市场、农村担保市场、农产品期货市场等。我们现在农业保险发展还很滞后，农村金融中的抵押机制和担保机制相当缺乏，农地的流转没有得到彻底解决。同时，农村金融服务的激励机制和约束机制都很缺乏。更重要的是，一些重要机制，像农业保险、土地银行、农产品期货市场在中国发展都比较滞后。另外一个问题就是民间的微型金融机构存在一定的发展瓶颈，有些甚至存在合法性危机。

富平小额贷款公司的发展模式在中国微型金融机构中颇具代表性。这样一个草根金融实践，我觉得是非常宝贵的。我们应该怎么概括富平模式呢？我觉得是不是可以把富平模式这样来总结，即富平模式是内生性的组织和信用机制，与外部社会支撑的有机嵌入相结合的一种模式。从内生性来说，实际上富平模式非常好地挖掘了农村固有的一些内生力量，其中首先是农村社区组织，我们看到包括果品协会在内的一些农民社区组织和专业合作组织，在富平小额贷款公司发展初期起到了组织化、规模化和提供组织支持这样的作用。其次是以郑冰女士为代表的一批在农村有重大影响力的农村领袖人物，他们在这个内生性机制当中、在富平模式当中，也扮演一个不可或缺的重要角色。第三个，富平模式还利用了农村固有的农村信用文化传统，这一点在茅于轼先生在临县龙水头村搞的小额贷款试验中也有同样的表现。富平模式还更好地整合了四种外部力量，包括知识精英、非政府组织、企业家资源与政府资源。我想，没有内生性的组织与信用机制就没有富平模式的生命力，但是如果没有外部支撑力量的有机嵌入，就没有富平模式的合法性基础和社会影响力。

我们已经进入了一个新的时代，农村金融大发展面临着历史机遇，我们已经跨在一个农村金融的黄金时代的门槛上。在这个时代，我们应该善待草根，应该运用草根金融的力量重建乡村社会文化网络。我认为乡村衰败的原因在于原有乡村治理结构的涣散，而乡村文化的复兴，有赖于农村微观组织模式的改造。农民合作组织应该得到大的发展，比如说我们在永济看到的红娘手工艺合作社，她们纯手工生产的衬衣、手提包、床单和其他工艺品非常吸引人，而且卖到了国外。微型金融不是目的，它只是一个手段，只是一种金融工具，要使微型金融真正改变农村现状，我认为必须从组织和文化来入手。

孔子有一个学生问孔子怎么来治国。孔子说，"庶之"，就是首先要使这个国家人口繁盛，用我们现在的标准看就是要人口质量不但高而且人丁兴旺。然后学生又问：人口繁盛之后要怎样呢？孔子回答说："富之"，就是要让他致富。我想小额信贷就是要使农民致富。学生又问："富了之后还要怎样呢"？孔子说："教之"。用我们现在的观点来看，"教之"就是要建立新的农村文化。孔子的回答很有智慧，值得我们深思。我想在"庶之"、"富之"、"教之"之外，再加一个"乐之"，就是茅于轼先生所说的"快乐的最大化"，使每一个人包括农民在内，都有一个快乐的生命，这也许是所有农村复兴政策的最终使命。

| 第九章 |

惟愿天下无忧贫

——云南职工医疗互助保险调查报告

本章为王东宾与王曙光合作完成，分两部分发表于《国家行政学院学报》2012 年第 1 期和
《中共中央党校学报》2012 年第 1 期。

一、研究背景、问题及田野调查

"病有所医"，是和谐社会的重要指标，是每一个中国人的梦想与追求。"病有所医"的内在要求是解决看病难、看病贵，尤其是因病返贫、因病致贫问题。2008 年党的十七大报告中指出，"必须在经济发展的基础上，更加注重社会建设，着力保障和改善民生，努力使全体人民学有所教、劳有所得、病有所医、老有所养、住有所居，推动建设和谐社会"。2011 年"两会"上，温家宝总理所作政府工作报告中明确表示"要持之以恒，努力让全体人民老有所养、病有所医、住有所居"。因此，通过医疗体制改革构建"病有所医，人有所保"的和谐社会，成为政府应承担的重要社会责任，当然各类党群组织、社会组织等社会团体也承担着重要的社会责任。

云南省总工会职工医疗互助活动指导中心为深入贯彻落实省委、省政府深化医药卫生体制改革重大决策，按照省医药卫生体制改革领导小组及省总党组的要求和部署，联合省总工会政研室组成专项调研组，对云南省医改情况、职工医疗互助活动进行调研，针对困难企业退休人员参保、职工对医疗费用及医改的看法、职工医疗活动开展等情况采取问卷调查、入户访谈等形式进行深入调研，通过调研，密切了解和掌握省医改政策的变化及方向，了解基层单位及职工对职工医疗互助活动的意见和看法，针对活动提出的建议进行统计和梳理，形成调研报告。

云南省职工医疗互助活动是经云南省政府批准，为巩固云南省城镇职工基本医疗保障制度，建立适应社会主义市场经济的多形式、多层次的医疗保障体系，由云南省总工会在全省职工中组织实施的一项活动。2004 年

7月1日在全省启动职工医疗互助活动以来，已经成功开展了7期，2011年开始进行第8期，取得了显著成绩和积极的社会效果。更重要的是，工会系统参与医疗体制改革，并组织职工医疗互助活动，成为医疗社会保险、商业保险等保障机制外的重要补充，成为防止企业职工"因病致贫、因病返贫"的重要机制。这是新时期下工会职能的重要创新，是工会系统为实践科学发展和构建和谐社会所做出的积极探索。

那么，一个核心问题摆在我们面前，医疗互助是否能够从工会的创新职能发展成为工会的常设职能？若是，如何推向全国？这不仅具有实践意义，也具有重大的理论意义。

北京大学调研组应云南省工会职工医疗互助活动指导中心邀请，协同指导中心开展此次调研和理论研究工作。本次课题调研采用了问卷调查和结构式访谈结合的方式，调研对象为三个层次的不同职工：退休职工、农民工、灵活就业人员，研究其医疗情况、满意度以及对未来工作的建议，藉此把医疗互助活动开展七年以来的情况做一次摸底调查和系统梳理。

本次调查研究，依托互助活动中心各地下属及代理机构，以及各地工会系统，共发放问卷4719份，其中有效问卷4713份，样本来自云南省16个州市地区，覆盖云南全部州市地区。其中女性样本占总体样本的54.64%，男性样本占45.36%。年龄在29岁以下样本占总样本的10.59%，30~39岁占27.07%，40~49岁占32.15%，50~59岁占17.50%，60岁以上占12.68%，可见大部分样本年龄在30~50岁之间。从职业情况看，在职职工、退休人员、灵活就业人员、农民工、其他的比例分别为65.46%，19.75%，7.59%，4.06%，3.14%，大部分样本为在职职工，这也是云南职工医疗互助活动的主体。来自国有企业的样本占34.88%，来自机关事业单位的样本占30.48%，来自集体企业的样本占9.79%，来自民营企业和外企的占到约15%，可见大部分样本来自于国有企业和机关事业单位。从收入情况来看，年收入在1万元以下的样本占到39.27%，年收入在1万~3万元之间的样本占到48.60%，年收入在3万~5万元之间大占到9.16%，5万元以上的占到2.97%。只有7.50%的样本没有参加过职工医疗互助，参加过职工医疗互助活动的占到92.50%，其中有 54.22% 的样本参加过 7 期职工医疗互助活动，参加过 5 期以上的样本占 70.63%，有 1655 个样本，约占 35.88% 的职工得到过职工医疗补助。总体来看，样本的代表性较好，可以反映出云南省各类职工的总体情况，符合本次调研的目的。

此外，为配合问卷调查，从第一线了解职工的真实感受和想法，课题组还进行了昆明、楚雄、大理、临沧四个地区的田野调查，以座谈会和结构性访谈的方式进行，与州市工会、企业、政府部门、职工代表、医疗互助活动地方办事处工作人员等座谈，并到实地参观考察。

本报告第一部分介绍课题研究的背景、样本以及田野调查的计划以及实施情况。第二部分根据问卷调研研究云南省职工医疗服务的现状以及满意度。第三部分是依据问卷调查，对职工医疗互助活动中的医疗服务问题进行了研究，并对未来缴费水平改革等热点问题进行了针对性调查研究。第四部分从国际工会运动的经验以及国际合作社运动的历史经验出发，并结合中国工会的发展经验和制度背景，对医疗合作对完善工会的职能体系、健全工会职能方面所起到的作用进行了研究。第五部分探讨职工医疗互助活动在当前中国医疗保障体系中的定位问题，研究职工医疗互助活动对丰富和完善医疗保障体系，解决职工医疗困难中所发挥的重要作用。在第六部分中，讨论医疗互助活动在实现医疗公平方面的重要意义，同时注意到医疗互助活动体系内有可能产生的不同企业、地区间的不平衡问题。第七部分讨论职工医疗互助活动的运行和管理机制问题。第八部分是结论和政策建议部分。

二、云南职工医疗服务状况及满意度

1. 职工就医状况

调查样本日常就医状况如下，约 50% 的人在患小病时会选择正规渠道看病买药，超过90%的人会在患大病时去看医生或住院治疗。但是仍然有很大一部分人在患小病时不采取积极的方式去治疗，约42%的人只是自行买药，还有8%的人选择拖着。

表9.1 　　　　　　　　　　　患病就医状况

就医状况	患小病		患大病	
	个数	占比（%）	个数	占比（%）
拖着	383	8.18	124	2.66
看医生买药	2197	46.91	1192	25.52
住院治疗	145	3.10	3215	68.84
不看医生自行买药	1958	41.81	139	2.98

当问及人们患小病而不就医的原因时，认为不严重、没必要是出现频次最多的（见图9.1），这说明人们的健康意识不够。其次的原因是到医院就医麻烦，可见医院的服务程序与人们的需求不想匹配。此外，经济困难无论是在患小病时还是患大病时都是影响人们就医的一个重要原因。调查中，35.46%的样本会因为经济困难而在患大病时放弃治疗。

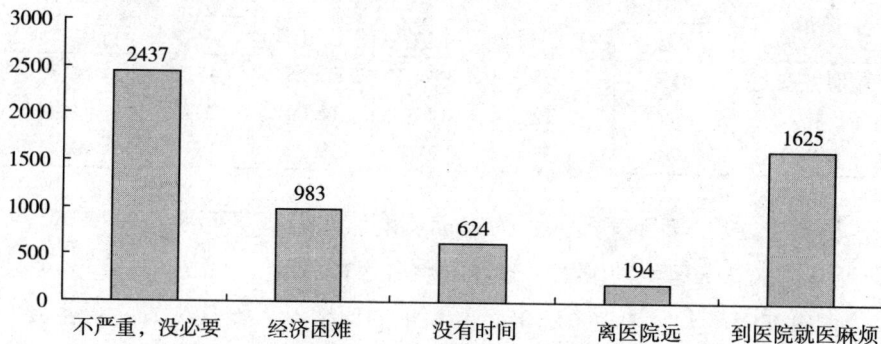

图9.1　患小病而未就医原因（按出现频次）

2. 职工对医疗服务的评价

调查样本中，共有913人最近有过住院，占样本总数的19.68%。在最近住院的人中，住院总费用分布情况如表9.2，约77%的人住院费用在

1万元以下。这种住院费用相对于人们的收入来说相对偏高，调查中，35.13%的人认为医疗费用太高，严重影响生活，52.48%的人认为这种医疗费用可以接受，但是会影响生活。

表9.2　　　　　　　　　　　住院费用分布

费用（元）	人　数	占比（％）
5000 元以下	295	33.22
5000～1 万	387	43.58
1 万～5 万	159	17.91
5 万～10 万	33	3.72
10 万～20 万	9	1.01
20 万以上	5	0.56

调查样本对当前医疗服务的评价情况见表9.3。53%的人对当前的药品价格不满意，约41%的人对当前的医疗服务价格不满意，约67%的人认为医院服务态度一般，24%的人不满意医院服务态度。可见人们对当前医院的服务不是很满意。

表9.3　　　　　　　　　　　对医疗服务评价

评价	满意		一般		不满意	
	个数	占比（％）	个数	占比（％）	个数	占比（％）
医院服务态度	415	8.95	3095	66.75	1127	24.30
药品价格	99	2.12	2057	44.04	2515	53.84
医疗服务价格	174	3.73	2586	55.36	1911	40.91

调查中发现80.76%的人认为当前看病难、看病贵问题比较突出，而58.98%的人认为医生的医风医德会影响治疗费用。

调查询问了人们认为看病贵、看病难的原因，人们认为看病贵主要与下面几个因素有关（按出现频率）：药品价格高、治疗价格高、检查项目多、有重复检查。看病难主要与下面因素有关（按出现频率）：就诊过程中等待时间过长；优良的医生、医疗设备集中在中心城市或大型医院；部分医务人员医风医德不高，治疗行为不规范；基层、社区医院治疗水平不高；医院服务质量不高；医疗过程中医生有绝对权威，医患之间存在严重的信息不对称。

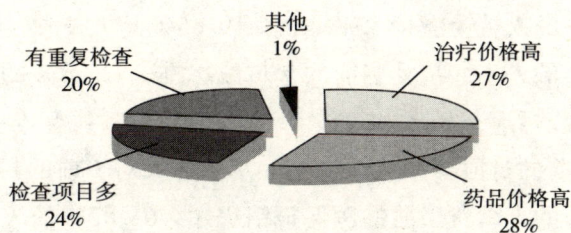

图 9.2　看病贵的原因

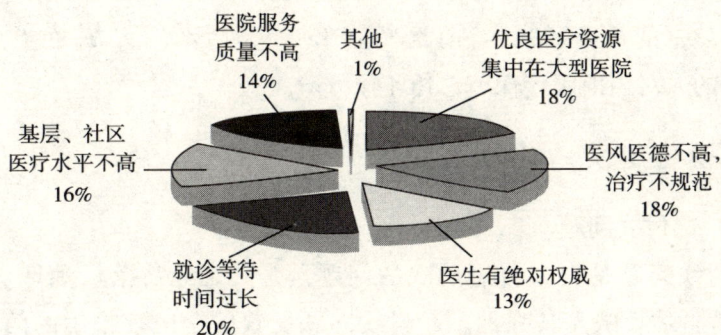

图 9.3　看病难的原因

3. 职工对医疗保障体系的评价

调查样本参加其他医疗保险情况见下表。47.51%的人都参加了所在单位的医疗保险，但是有44.18%的人没有其他任何保险。

表 9.4　　　　　　　　参加其他医保情况

医保名称	个数	占比（%）
个人购买商业保险	312	6.78
所在单位统一组织的补充医疗保险	2185	47.51
无	2032	44.18
其他（新农合等）	70	1.52

28.43%的人认为当前医保缴费水平偏高，43.82%的人认为缴费水平

合适，19.70%的人认为缴费水平偏低。19.65%的人能接受当前的起付线标准，20.66%的人不能接受当前的起付线标准，43.88%的人勉强接受当前医保的起付线标准。36.48%的人认为当前的封顶线标准一般，31.22%的人不满意当前的封顶线标准，仅有6.77%的人对当前的封顶线标准表示满意。19.59%的人满意当前的医保报销程序，61.87%的人认为当前的医保报销程序一般，18.53%的人不满意当前的医保报销程序。19.31%的人认为当前医保报销比例合适，33.40%的人认为当前的医保报销比例不合适。17.55%的人不满意当前医疗保障，15.71%的人满意当前医保，66.74%的人对当前医疗保障总体印象一般。

4. 亟需解决的几个问题

（1）起付线问题

起付线问题是大家普遍反映的问题，尤其是经济落后地区、困难群体、弱势群体反映尤其强烈。起付线问题反映的是医疗报销的门槛问题，如果门槛过高，将会导致贫困群体和弱势群体被屏蔽掉，从而产生穷人帮助富人的问题；如果门槛过低，则会导致系统运行的稳定性问题。因此，起付线问题反映的是效率与公平兼顾的难题。

（2）医疗负担问题

这涉及到医疗费用的管理问题。目前，起付线在降低，报销比例在提高，表明医疗保障的运行在不断改善，但居民所承担医疗费用的绝对数额在提升，表明服务端的问题，依然需要同步理顺和解决。

（3）地区差异问题

目前的一刀切政策，显然不利于落后地区享受到公平合理的医疗服务。发达地区拉高了整体医疗体系和费用的平均数，从而将落后地区置于医疗体系的不利地位，使之更难提供较好的医疗保障和医疗服务。

（4）低端药品的供应问题

基本药物制度的实施，让药品价格降下来。然而，高端药物价格下降之后，基本药物如板蓝根在药店里就看不见了。

综合来看，目前的医疗体制存在一个比较明显且普遍反映的问题，在实际运行中不利于弱势群体、困难群体和落后地区，这表明，在全民覆盖的医疗保障体系中，仍然需要解决体系内的横向公平问题。

医改之所以令人不满意，最重要的问题是，缴费标准在提高，补助标准和比例在提高，但个人所承担的医疗负担在加重。因此，医疗体制改革的难题可以归结为一个核心问题：医疗负担导致"因病致贫"和"因病返贫"的问题。当前，医疗保障制度不够完善，城镇居民医疗保险和新农合的筹资水平和报销水平仍然偏低，个人自付比例仍占医药费用将近一半左右，并且绝对数额有扩大的趋势，不能有效地解决"因病致贫"和"因病返贫"的问题。

三、云南职工医疗活动的绩效评价

1. 参与情况

（1）不同类型职工是否参加医疗互助统计

表9.5　　　　　职工参加医疗活动互助活动比例（分类型）

	参加过医疗互助		未参加过医疗互助	
	人数	占比（%）	人数	占比（%）
在职职工	2950	97.04	90	2.96
退休人员	902	98.36	15	1.64
灵活就业	270	76.49	83	23.51
农民工	76	40.21	113	59.79
其他	99	69.72	43	30.28

职工医疗互助活动经过七期的成功举办后，大部分企业职工都比较认同互助活动，因此参与率非常高，在97%以上。农民工参加比例严重低于其他类型职工，这不仅有意愿的原因，也有制度的原因。很多农民工并没

有正式的职业身份，当然也没有参与到工会组织，只有在那些大型国有企业、效益好的民营企业中工作的农民工，经由企业工会的政策宣传和努力，方能进行办理。

随着政策体系的完善和制度的改进，尤其是城乡一体化政策和城乡统筹发展的大力推进，将为农民工的权利保护提供更好的外部环境。工会在农民工的社会保障和权益保护方面，将发挥着越来越重要的作用。

表9.6　　　　　　　不同类型职工参加医疗互助次数及占比

参加次数	1		2		3		4		5		6		7	
在职职工	196	6.73%	186	6.39%	222	7.62%	181	6.21%	183	6.28%	257	8.82%	1688	57.95%
退休人员	49	5.48%	33	3.69%	68	7.61%	46	5.15%	59	6.60%	123	13.76%	516	57.72%
灵活就业	56	20.82%	34	12.64%	27	10.04%	29	10.78%	39	14.50%	21	7.81%	63	23.42%
农民工	22	30.14%	22	30.14%	16	21.92%	4	5.48%	3	4.11%			6	8.22%
其他	22	22.68%	17	17.53%	7	7.22%	7	7.22%	9	9.28%	5	5.15%	30	30.93%

从问卷调查的统计数据中可以清晰地显示出来，职工医疗互助活动在企业职工中得到越来越多的认可，实际上逐渐成为企业工会的正常工作内容之一。在未来的工作中，除了保持现有职工的积极性外，农民工将成为一个重要的工作对象群体。

表9.7　　　　　　　是否打算继续参加职工医疗互助活动

	参加		不参加		不确定	
在职职工	2788	91.95%	63	2.08%	181	5.97%
退休人员	865	94.74%	18	1.97%	30	3.29%
灵活就业	289	84.01%	10	2.91%	45	13.08%
农民工	99	58.24%	16	9.41%	55	32.35%
其他	110	78.57%	4	2.86%	26	18.57%

2. 补助情况

（1）一至七期的补助情况

参加活动的人数由第一期180万人增长到第七期274万人，反映了职工群众对医疗互助活动的需求。截至2010年12月31日，累计补助职工

131 万人次，补助金额达到 8 亿元。

表 9.8 补助人次、补助金支出情况

	补助人次	增长（%）	补助金（亿元）	增长（%）	资金盈余（万元）
第一期	70980		0.49		
第二期	128650	80.8	1.02	108.6	
第三期	174311	35.8	1.34	31.1	
第四期	221840	27.3	1.37	2.8	
第五期	262056	18.1	1.35	−1.5	
第六期	299437	14.26	1.57	16.30	
第七期					

（2）调查样本的受补助情况

此次调查结果显示，目前的在职职工受补助比例在 30% 以上，而退休人员的受补助比例在 60% 以上，是前者的两倍以上。但从系统的全样本汇总来看，参与医疗互助活动的人群中，在职职工人数比例基本上相当于退休职工人数的两倍。这体现了互助活动政策制定的初衷，即活动的互助合作性质，倡导年轻人帮助老年人，"有病人帮我，无病我帮人"的理念。从受补助情况的年龄段分布来看，也体现了这一点，不论从人次还是金额来看，60 岁以上的老年职工都占了半数左右。

表 9.9 第三至七期在职/退休职工参加活动情况

期数	参加人数（人）				汇集互助金（元）			
	在职职工参加人数	比例（%）	退休职工参加人数	比例（%）	在职职工缴纳金额	比例（%）	退休职工缴纳金额	比例（%）
第三期	1568832	70	681794	30	82497356	70	36149548	30
第四期	1671019	69	759728	31	87240328	69	39687198	31
第五期	1765047	69	806606	31	91831156	69	41424404	31
第六期	1830266	68	856421	32	94796932	68	43847152	32
第七期	1844733	67	896742	33	150231800	67	72682940	33

表9.10 按年龄补助情况统计

年龄段	补助人次（人次）	比例（%）	补助金额（元）	比例（%）
合计	122071	/	64303234	/
<49 岁	31599	27.35	16879313	26.25
50~59 岁	24889	21.36	13803624	21.47
>60 岁	65583	48.71	33620297	52.28

因此，在活动初期，年轻职工因为身体较好，不愿意参与互助活动，经过工会和政府部门的政策宣传，企业行政机关的劝导，使年轻职工理解到互助活动具有互助（带有慈善公益）和保险（防止意外发病）的双重性质，是一项互惠互利的活动，有利于全体工人的权益，提高了他们的思想认识，保证了全系统医疗互助活动的顺利开展。

表9.11 不同类型职工的情况医疗补助

	得到过医疗补助		未得到过医疗补助	
	人数	占比（%）	人数	占比（%）
在职职工	944	31.11	2090	68.89
退休人员	548	60.35	360	39.65
灵活就业	95	27.38	252	72.62
农民工	31	16.85	153	83.15
其他	40	28.57	100	71.43

职工医疗互助活动对于提高职工医疗水平是有直接的影响，通过样本数据的统计可以发现，参加互助活动的职工选择大医院治病的可能性更大。这一方面，与他们的经济能力有关，另一方面，互助活动也提高了他们选择高水平医疗服务的经济承受能力，这一点课题组在田野调查中的访谈中也得到了验证。

表9.12 普通患者的就医选择

	大医院		中小医院		就近就诊，不分等级	
在职职工	1205	40.21%	715	23.86%	1077	35.94%
退休人员	311	34.56%	246	27.33%	343	38.11%
灵活就业	116	34.02%	114	33.43%	111	32.55%
农民工	29	16.20%	58	32.40%	92	51.40%
其他	39	27.66%	55	39.01%	47	33.33%

从政策实施的总体效果来看，68%的人认为职工医疗互助减轻了住院医疗费用负担，20%的人认为职工医疗互助并没有减轻住院负担，超过90%的人将继续参加职工医疗互助活动。这表明大部分人认为职工医疗互助有利于减轻负担，人们对职工医疗互助的评价较高。

3. 对职工医疗互助活动的了解、缴费标准与评价

调查样本中，有约62%的人了解或比较了解职工医疗互助，约30%的人听说过职工医疗互助。这说明职工医疗互助在调查样本中的知晓度比较高。58%的样本通过单位宣传了解到职工医疗，36%的人通过电视、报纸、广播等媒体途径了解到职工医疗互助。说明单位宣传是职工医疗互助传播的主要途径，同时媒体也是重要的传播载体。

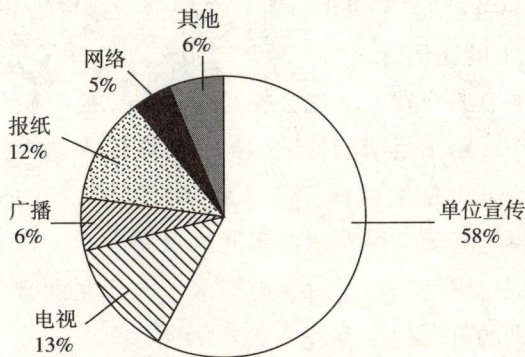

图9.4 职工了解医疗互助的途径

约40%的人对职工医疗互助活动补助审批工作的时效性比较满意，38%的人认为一般，13.3%的人不清楚。这表明要增加职工医疗互助活动补助审批工作的透明度。在缴费标准上，57.5%的人认为第七期活动互助金交纳标准比较合适，31.7%的人认为交纳标准过高。

第七期活动互助金进行的交纳标准，继续参加的按80元交纳，新参加的按100元交纳，这一做法是基于前面尤其开始几期中存在互助金结余的情况下采取的，是对原有职工的一种激励措施。显然，企业职工还是能够接受标准的调整，农民工群体例外，他们的接受需要有一个过程。

表 9.13 分类型职工对于缴费标准调整的看法

	偏高		合适		偏低		无所谓	
在职职工	935	30.85%	1781	58.76%	85	2.80%	230	7.59%
退休人员	288	31.58%	544	59.65%	14	1.54%	66	7.24%
灵活就业	101	29.62%	193	56.60%	11	3.23%	36	10.56%
农民工	82	47.40%	58	33.53%	2	1.16%	31	17.92%
其他	50	35.71%	74	52.86%	4	2.86%	12	8.57%

　　如果按第七期活动的补助标准，54%的人意愿交费额度为80元以下，40.29%的人意愿交费额度为80~100元，仅有约5%的人意愿交费额度为100元以上。如果提高活动的补助标准，意愿交费额度为80元以下、80~100元、100元以上的比例分别为：36%、50%、14%。可见如果补助标准提高，那么人们的意愿交费额度也会提高，但是意愿交费额度为100元以上的比例仍然很小。对于目前的补助标准，47%的人认为补助标准基本合适，35%的人认为补助标准偏低，仅有4%的人认为补助标准较高。补助标准是影响职工参与意愿与缴费承担意愿的重要因素，这表明在当前的经济发展水平下，职工已经具备了承担更高水平医疗互助缴费标准的经济能力，只是医疗互助的补助标准有进一步提升的要求。

表 9.14 如果按第七期活动的补助标准，您的意愿交费额度是

	80 元以下		80~100 元		100~150 元		150~200 元	
在职职工	1555	51.59%	1262	41.87%	139	4.61%	58	1.92%
退休人员	518	57.81%	348	38.84%	22	2.46%	8	0.89%
灵活就业	183	53.67%	133	39.00%	19	5.57%	6	1.76%
农民工	97	59.51%	52	31.90%	11	6.75%	3	1.84%
其他	97	68.79%	40	28.37%	3	2.13%	1	0.71%

表 9.15 如果提高活动的补助标准，您的意愿交费额度是

	80 元以下		80 ~ 100 元		100 ~ 150 元		150 ~ 200 元	
在职职工	971	32.35%	1525	50.80%	396	13.19%	110	3.66%
退休人员	365	40.60%	448	49.83%	69	7.68%	17	1.89%
灵活就业	138	40.83%	152	44.97%	39	11.54%	9	2.66%
农民工	80	48.19%	62	37.35%	18	10.84%	6	3.61%
其他	73	52.14%	53	37.86%	13	9.29%	1	0.71%

通过以上两表的比较可以发现，提高医疗互助活动的补助标准，将显著提高职工的意愿缴费数额，这同样验证了我们的结论，能够减轻医疗负担，尤其是个人负担的绝对数额，是职工参与意愿和缴费承受能力的最重要影响因素。

4. 小结

（1）农民工的医疗互助活动将推动区域经济发展

第一，农民工正在形成中国经济社会中的新型产业工人。因此，农民工问题将成为未来一段时间内医疗互助活动新的突破口，也有可能是工会系统为当地经济社会发展做出重大贡献的抓手。

农民工是地区经济发展的重要贡献力量，但长期以来得不到社会的公平待遇。改革开放以来，农民工大量进城，形成对中国制造的工业能力和城市化发展而言重要的产业大军，也成为城市生活中重要的群体。长期以来，农民工的社会经济地位始终较低，工资低、安全设施差、无社会保障等，即便如此，还需要政府介入帮助农民工讨薪。有学者提出，"三农问题"应是"四农问题"，"第四农"就是农民工问题，足见其严重性。然而近年来，形势发生了很大逆转，农民工的社会经济地位不断提高。在媒体眼中，其稀缺程度足令大学生们"汗颜"，"用工荒"亦成为每年春节后的新闻热点。因此，未来城市经济的发展，在相当程度上取决于是否能够做好农民工工作，留住并吸引农民工。

能否做好农民工工作，为其提供良好的社会保障网，使之对于城市生

活安全感、归属感，是将来地方政府工作的重要内容。工会组织应发挥重要作用。

实际上，早在20世纪90年代，民营经济发达的浙江省义乌市涌入了大量的农民工，义乌市总工会就依据《工会法》等有关法律、政策、法规，开拓创新，将农民工纳入到工会组织，同时推动工会职能的创新与扩张，帮助当地政府建立农民工的社会保障体系（韩福国、骆小俊等：《新型产业工人与中国工会："义务工会社会化"维权模式研究》）。

（2）缴费标准的探索要审慎地探索

随着经济社会发展，在考虑到困难职工的经济能力的基础上，医疗互助活动的缴费标准应有所提高。云南省工会提高缴费标准的决策过程中，采取了审慎态度，在保险精算的基础上，并综合考察各地区、各行业、各种状况的职工意愿的前提下，进行缴费标准调整的探索，是值得肯定的。

（3）医疗互助活动应与时俱进

随着医改的推进和社会保障体系的完善，职工医疗互助活动也应作出相应的动态调整，使之适应医疗社会保障体系的要求。这实际上体现了职工医疗互助活动与医保体系的联动效应，是医疗互助活动成为中国医疗保障体系重要组成部分的标准。

■ 四、工会开展职工医疗互助的国际经验

综合研究来看，云南省的职工医疗互助活动是在工会系统领导下，政府支持的职工医疗合作的新形式，这丰富了国际合作社运动的实践经验，给国际合作社运动带来新的亮点。同时，工会支持医疗合作和职工合作，理论上有可能成为工会系统的常设职能之一。

1. 医疗合作是国际合作社运动的重要内容

（1）美国的合作社 100 强

自 1991 年起，每年 10 月，美国致力于推动合作社发展的政策性银行——国家消费者合作银行（NCB，National Consumer Cooperative Bank）都会发布一份排名报告《美国合作社 100 强》（Top Co - op 100），作为其年度报告的一部分，排名所考察的合作社涉及广泛的行业领域，如农业、金融、特许经营、五金木材、食品、娱乐、媒体以及能源交通、医疗等领域。医疗合作社成为美国低收入人群得到医疗服务尤其是药品提供的重要方式。表 9.16 是美国年度合作社 100 强中医护合作社的数量及排名情况，其中 Group Health Cooperative、HealthPartners Inc. 、VHA，Inc. 是稳定在 100 强之列的三家。

表 9.16　　　　　　美国合作社 100 强中的医护合作社

年份	数量	名称及排序
2006	3	Group Health Cooperative （12）； HealthPartners Inc. （13）； VHA，Inc. （80）
2007	3	HealthPartners，Inc. （13）； Group Health Cooperative （16）； VHA，Inc. （80）
2008	3	HealthPartners，Inc. （13）； Group Health Cooperative （16）； VHA，Inc. （89）

此外，美国国家消费者合作银行还通过慈善捐赠等方式，重点支持医疗服务合作社的发展，并向低收入社区提供医护设施等，并为困难人群提供医疗补贴，使之能够获得必要的医疗服务。

（2）西班牙蒙德拉贡

西班牙蒙德拉贡合作集团是世界合作社运动史上最值得骄傲的成功案例，成立于 1943 年，目前是欧洲乃至世界最大的合作社集团之一。2008年资产总额 335 亿欧元，年营业收入达到 178 亿欧元，社员以及员工

92773 人，下辖 100 多家合作社，包括培训合作社和研发中心，并有蒙德拉贡大学，是巴斯克地区最大的企业，也是西班牙的第七大企业（2008 年度报告，http：//www. mondragon – corporation. com）。由于蒙德拉贡的卓越成就，合作社研究者将其经验总结为"蒙德拉贡经验"。

西班牙蒙德拉贡合作社所在的巴斯克地区比较特殊，是"埃塔"组织的根据地，历来有独立倾向。因此在当时，西班牙中央政府不给巴斯克地区任何财政政策或税收政策支持当地发展，同时合作社也无法获得信贷支持，合作社工人也无法进入社会保障计划。因此，蒙德拉贡合作社集团必须在各个方面自力更生，这其中就包括成员的医疗服务和医疗保障体系。因此，1966 年，蒙德拉贡合作社集团就已经成立了"共济会"来专门负责合作社内成员的社会保障问题，并于 1970 年注册成独立的合作社法人实体。"共济会"提供的服务包括：疾病预防、住院治疗、劳动者健康和安全保护、丧失劳动能力的补偿、心理咨询服务和一般的养老保证。随着蒙德拉贡合作社集团的发展，"共济会"的业务范围也在不断扩大，除了为联盟合作社成员解决社会福利问题外，也从事有关缺勤问题、环境和健康危险问题的研究，并研究是否建立一个地方医院以提供更好的医疗服务。此外，还同地区性保障机构合作进行心血管疾病研究及为学校提供防疫服务项目（汉斯·托马斯：《蒙德拉贡——对现代工人合作制的经济分析》，第 42～43 页；第 186～189 页）。

（3）比利时合作社

按照比利时的法律规定，合作社除了正常的业务项目外，还可按照合作社原则经营另外一种特殊业务：药品经营，为合作社社员提供质优价廉的常用药品，从而降低成员的医疗成本，使之享受到更好的医疗服务。

近现代以来，随着市场经济的快速发展，人权的基本内涵也逐步向经济社会权方向拓展，这也推动了合作社运动中合作内涵向医疗合作、养老合作等社会保障方面拓展，形成合作社运动中的新亮点。

2. 工会与合作社运动

合作社运动和现代工会都是伴随着资本主义制度的逐步确立而诞生

的，其目的均是为了维护工人的权益，促进工人的福利提高和安全保障。1844 年的罗虚代尔公平先锋合作社开创了职工消费合作社的先河，并创立了现代合作社原则母版的罗虚代尔原则。实际上，在这一阶段，新兴的无产阶级为了共同应对挑战，不得不团结起来，组建具有"互助会"、"共济会"性质的社会团体，这便是现代工会组织的早期萌芽。

国际工会运动史上，在二战之后，人权基本内涵由过去的生存权、人格尊严等传统权利向现代的经济权（劳动权、平等工资权）、社会权（医疗、养老等）发展，即有消极人权向积极人权转变，这也促使工会的职能变迁和扩张，由单纯的消极维权组织向积极争取经济社会权的职能演进。

3. 工会与医疗合作互助

2009 年 3 月 17 日中共中央国务院发布的新的指导型文件《关于深化医药卫生体制改革的意见》中明确指出："鼓励社会参与"，……"鼓励工会等社会团体开展多种形式的医疗互助活动。鼓励和引导各类组织和个人发展社会慈善医疗救助"。这是在新时期创新工会职能、开展职工医疗互助活动的指导性文件。

同时，与《工会法》相结合，该《意见》将指导工会组织探索解决一个核心问题：医疗互助活动由工会的创新职能向工会的常设职能演变的合理性、必要性与可行性问题。

1994 年中国总工会"十二大"会议中，在新时期重新确立了工会组织全面履行思想职能的指导思想。在 1998 年中国总工会"十三大"会议上，提出了工会工作的指导方针，把维护职工的政治民主权利和根本经济利益作为更重要的任务，促进了新时期工会组织的改革、转型和职能创新。2001 年《工会法》（修正）公布后，新法明确规定"维护职工合法权益是工会的基本职责"。2003 年的中国总工会"十四大"会议，再次肯定了维权对于工会的根本意义，强调要把竭诚为职工群众服务作为一切工作的出发点和落脚点。

根据修正后的《工会法》，赋予了工会组织思想社会职能："维护职工的合法权益和民主权利"、"动员和组织职工参与国家和社会事务管理"、

"参与企业、事业和机关的民主管理"、"教育职工不断提高思想政治素质和科学文化素质，建设有思想、有道德、有文化、有纪律的职工队伍"，可以简称为"维护、建设、参与和教育职能"。维护职工的合法权益中，包括政治、经济和文化权益，"看病难、看病贵"等医疗服务难是其中的重要内容。新形势下充分理解和阐释《工会法》对于工会职能的要求，是当前工会进行职能创新和拓宽服务内容的重要工作。

胡锦涛总书记在"2008'经济全球化与工会"国际论坛开幕式的致辞中强调"各国工会和广大劳动者是推进可持续发展的重要力量"。新的时期，工会在维护职工的社会保障权利，保障资源的可持续发展方面发挥着重要的作用。显然，云南省总工会开展了7年多的职工医疗互助活动为这一探索提供了宝贵的实践经验。2005年，中共中央政治局委员、全国人大常委会副委员长、中华全国总工会主席王兆国批示："云南省总工会开展的职工医疗互助活动是工会工作在新形势下的创新，要鼓励和支持"。2006年春节期间，胡锦涛总书记在昆明市总工会困难职工帮扶中心视察时，亲手将医疗补助交给受助的职工，并要求全国总工会到云南了解职工医疗互助活动。2007年《中华全国总工会办公厅关于职工互助互济保障活动有关问题的通知》中指出，"职工互助互济保障活动对于维护职工权益，为职工服务具有重要的意义，深受职工欢迎"，在谨慎决策、有效监管的前提下，对职工医疗互助活动持积极的支持态度。此后，省、市的地方工会组织开展职工医疗互助活动试点越来越多，并有部分地区派专人到云南省工会参观学习。

五、医疗互助活动与保险、救助机制的协同

1. 定位：制度创新成为医疗保障体系的重要组成部分

当前的医疗保障体系以社会保险、商业保险、社会救助体系为主要支

撑，其中医疗社会保险体系又包括城镇居民医疗保险、城镇职工医疗保险、新型农村合作保险三项基本制度，职工医疗互助活动着眼于在这一体系中查漏补缺，主动创新寻找自己的角色定位。

医疗保障体系是一个全局概念，需要更加注重全面协调发展。中共中央国务院《关于深化医药卫生体制改革的意见》中明确指出，"鼓励工会等社会团体开展多种形式的医疗互助活动"。这充分表明职工医疗互助活动有可能成为我国多层次、多形式的医疗社会保障体系的重要组成部分之一，充分发挥她对于完善我国多层次、多形式的医疗社会保障体系的有益补充作用。

2. 对接机制与信息共享

（1）审批程序对接

医疗保障体系的远期目标是城乡一体化，但在目前，仍然是处于二元体制下，因此目前医疗保障体系的政策种类也大体分为三块：公共保险、商业保险和医疗救助系统。公共保险又可以分为三块：农村居民是新农村合作医疗保险，城镇居民分为城镇职工医疗保险和城镇居民医疗保险。通过这三块医疗保险的实施基本上全民覆盖、全民参保，从而最大程度地保障人民的医疗服务。

第一，经办单位太多，彼此之间的协调难度，公共资金存在浪费。公共部门之间的协调机制非常重要。例如，云南省临沧市边民、低保户7万多，占农业人口的54%。低保户4万多，边民1万多。因此，需要与民政部门合作，低保户、边民、重点优抚对象。在新农合减免的基础上，再减免10%，保费由民政代缴。在补偿没有达到85%的情况下，1万元以上的实行二次补偿。县10%，市里20%，省里30%。民政局对农民的医疗救助资金，也实现了一站式服务，直接在医院直接结算，民政局与卫生局对接报销和审批手续。

第二，政策种类太多，个人难以分辨参加哪一种保险，对农民而言尤其如此，同时政策上也存在重复参保的空间。因此，政策宣传和指引非常重要。

第三，办理单位不同，报销地点不同。农民工在家乡都会参加新农合，但在城市打工，用人单位必须给农民工交医疗保险。显然，需要慎重处理重复参保的问题，需要建立信息共享机制，新系统设立后，可能实现信息共享，恰当地这个问题。

第四，云南省要求 2011 年前，要实现市级统筹。目前，没有文件下发，什么时候实现还需要时间。现在基本达到县级统筹，云南全省 129 个县，有 129 个医保处理办法，每个县的医院收据都不一样。但云南省职工医疗互助活动是在全省范围内的统筹，如何将省级标准与医保的地区标准综合考虑，是医疗互助开始时最大的困难。

第五，信息共享和单据问题。目前的报销以原始单据为主，医疗互助活动和医保中心都要求原件。但医疗保险的报销在前，因此，两边需要核实一下。职工互助中心需要与医保中心建立良好的合作关系，以实现审批手续上的对接和信息共享。云南省职工医疗互助活动在建立之初，也充分注意与新农合、城镇医疗保险机构合作，进行信息共享，保持双方在基本药物目录、报销程序和报销信息方面的有效对接，从而维护职工医疗互助活动效率与公平的统一。

（2）管理系统与信息共享

《关于深化医药卫生体制改革的意见》中指出，"建立和完善医疗保障信息系统。加快基金管理、费用结算与控制、医疗行为管理与监督、参保单位和个人管理服务等具有复合功能的医疗保障信息系统建设。加强城镇职工基本医疗保险、城镇居民基本医疗保险、新型农村合作医疗和医疗救助信息系统建设，实现与医疗机构信息系统的对接，积极推广'一卡通'等办法，方便参保（合）人员就医，增加医疗服务的透明度"。因此，系统对接和信息共享是建立城乡一体化的医疗社会保障体系的基本保障，也是保持医保体系有效运行的基本条件。

云南省职工医疗互助活动的第一代网络管理系统于 2006 年 8 月投入使用，在提高补助审批工作效率、审批准确度、规范审批程序等方面发挥了重要作用，同时为职工医疗互助活动的方案测算工作提供了重要数据依据。2010 年中心设计开发了第二代网络管理信息系统，实现了与省总办公自动化系统的信息共享和对接。新系统把业务模块与协同办公有机结合，为活动各级办事处、代办点提供更加简便、效率、稳定的使用环境，加强补助审批痕迹管理，为活动提供更加全面、专业的统计数据和报表，更好地服务于活动。

■ 六、医疗互助是实现医疗公平的重要机制

社会公平是和谐社会的题中应有之义，也是经济社会可持续发展的重要保障，即实现效率的必要条件。2006年世界银行"世界发展报告"《公平与发展》，基于哈佛大学政治哲学家罗尔斯的"正义论"（John Rawls），诺贝尔经济学奖得主森（A. K. Sen）的"能力集合论"和耶鲁大学的"分析的马克思主义者"罗墨（John Roemer）的"机会平等论"的理论，其核心观点是"公平和发展繁荣有着互补性"，长期的教育，财产和收入，卫生，医疗及就业上的不公平将严重阻碍发展，即"公平可以促进效率"，"不公平将阻碍发展"。这是公平与效率兼顾，尤其是注重公平之经济社会贡献的理论基础。

医疗公平是社会公平的重要内容，是讨论云南省职工医疗互助活动意义的重要方面。医疗公平从两个方面讨论：外部公平与内部公平。外部公平讨论的是医疗互助活动在整个医疗体制改革中为实现医疗公平所作的贡献，内部公平讨论的是在医疗互助活动内部运行机制上存在的问题和管理难点。

1. 外部公平

从整体上而言，作为全国医疗体制改革领域的创新机制，云南省职工医疗互助活动有助于实现医疗公平。参加活动的人数由第一期180万人增长到第七期274万人，截至2010年12月31日，累计补助职工131万人

次，补助金额达到 8 亿元。在提高退休职工和困难职工的医疗服务可得性方面，尤其显著。在职职工与退休人员人数及交纳互助金的比例基本均为 2∶1 以上，但受补助人数和金额则倒置过来，这既体现了互助活动"有病人帮我，无病我帮人"的政策初衷，也体现了互助活动已经形成实现医疗公平的一种调节机制。

2. 内部公平

内部公平是在医疗互助体系内部实现公平、公正、合理的机制，保障弱势群体的正当利益，这是当前云南省医疗互助活动需要正视且迫切需要解决的问题。

（1）地区不平衡问题

经济发达与经济不发达之间地区的不平衡问题，突出表现为经济发达地区的报销数额要远高于经济落后地区。在缴费方面，因医疗互助活动是全省统筹，各地区的缴费标准是相同的，因此在客观上形成了一种落后地区补贴发达地区的现象。实现"一卡通"制度后，经济发达地区的医疗费用支出明显上升，其中一项原因就是发达地区的职工更有能力到条件更好的医院就医。2009 年首先进行异地联网结算试点的曲靖市、普洱市、怒江州为例，曲靖市住院总费用 1.49 亿元，同比增长 33.34%；普洱市住院总费用 6839 万元，同比增长 29.42%；怒江州总费用 1619 万元，同比增长 58.78%。住院总费用增长势头迅猛。住院总费用、个人自付总额较上年同期增幅明显，导致补助金支出也随之增长。

表 9.17　　　　　　　　**按地区补助情况统计表**

办事处	补助人次（人次）			补助金额（元）		
	第六期	第七期	同比增长（%）	第六期	第七期	同比增长（%）
合计	119646	122071	2.03	58866423	64302324	9.24
昆明市	26056	25779	-1.06	10939336	12101438	10.62
曲靖市	9955	11731	17.84	6435383	7585190	17.87

办事处	补助人次（人次）			补助金额（元）		
	第六期	第七期	同比增长（%）	第六期	第七期	同比增长（%）
玉溪市	12929	8179	−36.74	4813710	2778556	−42.28
保山市	2880	2790	−3.13	1800361	1855567	3.07
昭通市	2931	3637	24.09	2250092	2854788	26.87
丽江市	2296	2034	−11.41	1303812	1342566	2.97
普洱市	5303	6290	18.61	2657776	3135736	17.98
临沧市	2933	3260	11.15	1873006	2055131	9.72
楚雄州	6466	7978	23.38	3443776	4837477	40.47
红河州	12447	13272	6.63	5652901	5937049	5.03
文山州	3523	3897	10.62	1897070	2063984	8.80
版纳州	1450	1486	2.48	603526	717768	18.93
大理州	4769	5536	16.08	2381035	3116581	30.89
德宏州	2349	2402	2.26	1413260	1373640	−2.80
怒江州	891	1305	46.46	488593	699010	43.07
迪庆州	435	536	23.22	283111	364017	28.58
省产业	21405	21959	2.59	10630416	11484736	8.04

（2）企业间不平衡问题

国有企业与民营企业，效益好与效益差企业职工之间存在严重的不平衡问题。效益好的企业能力较大，有能力补助职工，而效益不好的企业工资都成问题，职工经济承受能力较差，承受医疗服务的经济能力受限，因此在医疗互助活动中有时反而难以获得合适的补助。例如，2010年第七期职工医疗互助活动中，补助金额占上交互助金的比例排在前五位的产业分别是：石油 82.21%、航天 57.88%、国电云发电 53.11%、十四冶 52.67%、煤矿 49.90%。这些行业内的企业属于自然垄断型企业、国有企业或经济效益非常好的企业，这些企业的职工得益于此，自然能够享受到较好的医疗服务。在楚雄州的访谈活动中，与一家卷烟厂的职工代表座谈，其中一位职工多年患有严重的肾病，每周都要作透析，然而气色和身体状况非常好。其原因就在于除了正常的医保外，还有救助金、职工医疗互助金、工厂内部的互助金补助，工资性收入也较高，从而能够支撑他的高额医疗费用，他也坦言，他的幸福指数很高。而同时座谈的老国企职工，因企业面临破产倒闭，职工只能自谋出路，很多职工非常困难，尽管有医疗互助活动，但还是难以承担医疗费用。

（3）职工间不平衡问题

实际上，医保体系均面临一个问题，即成员的异质性很大。在职工医疗互助活动中，亦可以看到很明显的倾向，在职职工明显要好于退休职工，正式职工要好于农民工，行政机关和事业单位职工要好于一般职工。

从宏观层面来看，职工医疗互助活动的确有助于解决退休职工、困难职工、农民工的医疗服务问题，提高弱势群体的医疗服务可得性，帮助医疗公平的实现。同时也应注意微观操作和管理制度的设计问题，尽可能防止制度内部的不公平和不平衡现象出现。若存在内部不公平，则容易形成杀贫济富的机制，即所谓"反向的罗宾汉"（"Robin Hood in reverse"）。在当前的职工医疗互助活动中，部分国有企业和经济发达地区这种倾向明显存在，是今后职工医疗互助活动应该密切注意的问题。

因此在今后的互助活动中，可积极探索研究地区间的缴费标准和起付线问题。在访谈活动中，很多地区的工会同志均提出，是否可以考虑落后地区的特殊困难，目前全省一刀切的做法，明显不利于落后地区，对这些地区的职工而言，也存在不公平的问题。此外，经济效益好的企业职工，除了职工医疗互助活动外，往往企业还有其他的医疗福利支出，因此，应加强这类企业职工获得医疗补助的信息共享和监管机制，制定出合宜的补偿机制，防止企业职工"因病致富"现象的产生，更重要的是，要防止因这类行为掏空互助资金，从而影响职工医疗互助活动的可持续发展。

七、职工医疗互助活动的运行与管理制度

1. 工作经费与人员配备

表 9.18　　　　　　　　各级经费投入及人员配备　　　　　　单位：元

	州市合计	产业合计	省总投入	总计
2004 年	3559299	404871	5000000	8964170
2005 年	3211092	353729	3000000	6564821
2006 年	3209798	303785	3000000	6513583
2007 年	3333930	343661	2800000	6477591
2008 年	3420612	310734	2500000	6231346
2009 年	3838450	351491	2200000	6389941
2010 年	3348074	166106	2800000	6314180
累计经费投入	25963704	6523852	21300000	53787556
专职人数（人）	104	8	10	122
兼职人数（人）	217	51		268

　　云南省工会非常重视职工医疗互助活动，各州市、县工会有专职副主席负责此项工作，并纳入工作目标责任制，同时，省总工会在各州市设立办事处，配备了专职人员办理职工医疗互助活动，并进行各类技术培训和上岗培训，负责各州市医疗互助活动的缴费、报销和审批等事宜，此外，还招聘兼职人员，弥补工作人员数量的不足。经费由工会支出，医疗互助活动的办公经费和其他人员经费支出由各州市、重点企业、各级工会组织提供，以此保证了职工医疗互助活动的互助金全部用于职工。

2. 财务制度与资金安全

自 2004 年第一期职工医疗互助开始，云南省总工会就已经牵头组织了管理委员会，并组建职工医疗互助活动中心。管理委员会讨论通过了《云南省职工医疗互助活动实施办法》，作为职工医疗互助活动的"宪法性"文件，并于 2010 年 3 月根据新形势、新情况对《云南省职工医疗互助活动实施办法》进行了修订。职工医疗互助活动的基本制度框架可以概括为"一条主线，两条辅线"。"一条主线"是职工医疗互助活动互助金的安全性，这是核心。"两条辅线"中第一条是职工养老互助活动管理委员会，委员会成员由省级工会代表、州市级代表、职工代表等组成，保证了委员会汇集职工意愿、信息的能力，保证了管委会的广泛代表性。

第二条辅线是职工医疗互助活动的管理系统：2004 年已经实现了计算机管理，开发了第一代网络信息管理系统，将 180 万参加医疗互助活动的职工数据全部导入了系统；在 2010 年开发的第二代管理系统中，基本上实现了无纸化办公，充分利用信息技术快捷、及时的特性，实现数字化办理、控制、监督，提高办事效率。

职工医疗互助金实行省级统一筹措、统一管理，独立建账、独立核算。主线互助金的安全性是职工医疗互助活动的生命线，是保证医疗互助活动可持续健康发展的基石。互助金安全性就是生命线，它代表了工会的形象，甚至代表了政府的形象，更凝聚着工会系统的社会责任。因此自第一期开展活动起，医疗互助活动中心就进行了严密的制度设计，对互助金实施科学的管理，最严格的监管和严密的财务制度，以保证互助金的安全性。

保证资金的安全和完整，要防范两个风险：一是系统风险，不能出现崩盘。这需要严格的保险精算制度来预测资金风险，职工医疗互助活动中心与云南财经大学建立了良好的合作关系，一直以来对医疗互助活动的测算工作有深度研究的云南财经大学李兴绪教授主持测算工作，保证互助金运行的科学性，防止出现系统风险。第六期职工医疗互助活动出现赤字 1600 万元，就是一个危险的信号，再下去医疗互助就比较危险了。为此，职工医疗互助活动进行了详细的调查研究工作，查找原因，研究对策。加强测算分析研究，提高对系统风险的可控能力，对活动发展及资金风险控制等方面从科学专业的角度进行了全面准确的阐述，夯实了活动发展过程中的理论支撑。

二是管理风险，制定严格的管理制度和保护措施，保证资金不出现风险。云南省审计厅对互助金的管理制度和保护措施给予了充分的肯定。互助金的全部资金均存放在银行，大额支出全部使用存单方式，安全性很高，并且全部工作经费和运行费用由工会、政府和重点企业承担，不从互助金中抽取一分钱，以此保证了互助金百分之百用之于职工。

在存单和资金的使用方面采用了分权制衡原则，由三个人分别管理钥匙、密码、取出存单，使用存单需要两个章：主任印章，财务章。资金使用必须满足所有环节的条件，缺一不可，以此来保证，不给人为干预提供可乘之机，防范人为失范因素带来的管理风险。在2010年7月投入使用的第二代网络信息管理系统中，重点加强补助审批痕迹管理，从而实现了追溯责任管理，强有力地约束了审批人员的行为，提高了互助活动的管理绩效。

此外，省职工医疗活动中心还与州市工会和医疗互助活动经办机构签订了资金安全责任书，强化社会责任意识和资金安全意识，健全互助金的安全责任体系。云南省总工会制订出台了《关于加强职工医疗互助活动互助金安全管理的意见》，每期活动都与各州市总工会、省级各产业厅局（公司）工会签订《互助金安全管理责任书》。基层各级工会都把建立健全互助金安全管理体系、完善审批制度，纳入工会工作的重要议事日程。各办事处、代办点每期的补助审批、资金管理都经同级工会经审会进行审计，审计结束后将结余互助金回拨到省中心，保证资金的入库和安全管理。

3. 监督机制

除了完善的内部管理制度外，职工医疗互助活动还建立了监督机制，主要包括两个方面：一是资金监管和审计制度，接受监督审查委员会的严格监管和审计部门的严格审查；二是社会监督机制，将医疗互助活动的情况在各大媒体上予以公布，接受全社会的公开监督。

监管和审计方面，设立了明确的资金监管主体。在2004年职工医疗互助活动开展之初，就成立云南省职工医疗互助经费监督审查委员会，并制定了《云南省职工医疗互助经费审计监督办法》，负责监督审查（审计）活动的经费收支情况。监审会主要由省审计厅、省总经审办、部分州市工会、职工代表组成。监审会在每期活动结束后，都组成专门审计组，就当期活动的收支情况、补助审批情况进行实地审计。2004年至2008年前五期活动的审计结论表明，省职工医疗互助中心对互助金实行了负责、严格、安全、有效的管理，互助金没有被滥用一分钱。

在社会监督方面，职工医疗互助活动指导中心会将活动信息向全社会公开，并把资金管理过程公开，接受全社会的公开监督和批评意见与建议。每期职工医疗互助活动的收支情况经监审会审计后，都要向管委会报告，经管委会审议通过后在《云南日报》上公告，接受广大职工和社会各界的监督。

5. 云南省总工会关于工会新职能的探索

云南省职工医疗互助活动开展七年以来，在各方面所取得的成绩得到了认可，政府部门对于工会开展的这项活动也给予了大量的支持，事实上，工会在医疗互助活动中的工作机制正在由活动转变为职能创新的探索。

发展中的职工医疗互助活动正在成为工会系统帮助职工建立的抵御疾病、抵御医疗服务难题的第二道防线，这道防线是工会职能创新的体现，是在国家医疗保障体系中工会所发挥作用的创新形式，也在当前中国处于改革和完善之中的医疗保障体系中起到了查漏补缺的作用。

云南省工会系统关于医疗互助作为职能创新的探索主要体现在以下两个方面。第一，医疗互助活动已经纳入到工会的工作目标及工作考核中。例如，云南省楚雄州2008年起，工会主席必须由党政副职来兼任，乡镇必须配备专人来做职工医疗互助工作。落实目标管理责任制，把医疗情况纳入到考核指标。在工会系统设立的工会重点工作目标责任书，其中包括职工医疗互助活动的开展情况，以此来推动职工医疗互助活动的开展。此外，政府部门还帮助代办点在市里便民服务中心，提高职工医疗互助活动的公信力和办公效率。

第二，工作经费逐步编入工会的正常预算支出，由一位副主席专门负责职工医疗互助活动，工会抽调工作人员作为医疗互助的经办人员。目前，开展职工医疗互助活动所需工作费用由各级工会在留成经费中列支，不动用职工交纳的互助金。工会出钱、出人来组织办理职工医疗互助活动，事实上证明了职工医疗互助活动已经成为云南省工会的常设职能之一，成为工会维护职工合法权益的重要实现方式。

八、结论：福利主义还是制度主义？
——职工医疗互助活动的可持续发展

1. 阶段目标：为中国医疗体制改革中积极探索

"十二五"规划中的最大亮点是民生问题上升为社会经济发展的首要问题，而医疗体制改革是一项重大民生工程，这是中国的难题，也是一道世界的难题，发达国家与发展中国家都在探索中。新的指导文件《关于深化医药卫生体制改革的意见》中也专门提到鼓励工会等社会组织参与探索解决医疗保障体系，丰富与完善医疗保障体系的政策。

云南省工会的职工医疗互助活动将为中国的医疗体制改革提供宝贵的经验，并有可能成为新的医疗保障体系内重要的创新内容。因此，梳理和总结过去七年来的经验，并结合新时期医疗体制改革的政策方向，不断改进与完善医疗互助活动的管理办法和制度设计，将有利于为中国其他地区的工会组织探索医疗互助活动提供宝贵的经验。

2. 定位1：新时期工会的重要职能

加快建立覆盖城乡的社会保障体系，已成为深入落实科学发展观、促进经济社会全面协调可持续发展的必然要求。作为党联系职工群众的桥梁和纽带，工会组织在促进社会保障体系走向完善的进程中发挥着拾遗补缺的独特功能，对建立和完善多层次的社会保障体系具有不可替代的重要性。

国家对于工会、社会团体组织的医疗互助活动，目前还处于政策鼓励和探索阶段，并没有上升到法律和制度的高度。从政策过程理论和制度演进理论的角度来看，目前还处于不成熟阶段，需要进一步的探索、试验，形成有效的运行模式，才有可能上升为国家政策法律认可的制度层面。具体而言，目前还是处于可有可无的创新阶段，持审慎态度，变成政策体系内的重要组成部分，还需要付出艰苦的努力和探索。

云南省工会通过系统内的经费预算划拨职工医疗互助活动的工作经费，除聘任部分技术人员和管理人员外，互助活动成为工会系统人员尤其是主管干部的工作内容和考核指标，例如，在基层单位，有专职的工会副主席主抓职工医疗互助活动。这一列工会工作的创新，实际上体现了职工医疗互助向工会正常职能转变的探索。

3. 定位2：独立于保险与救助体系的第三支撑点

要处理好与社会保险、商业保险、社会救助的关系，尤其是国家财政支持的公费医疗问题的支持。

日前医疗保障体系实际上由保险体系和救助体系组成，其中保险体系包含了社会保险和商业保险，救助体系包含各级政府部门救助、社会慈善机构救助、单位救助等部分。医疗救助体系探索成为医疗保障重要组成部分，其制度意义在于探索建立独立于且有别于保险体系和救助体系的第三种机制，从而成为医疗保障体系的第三个支撑点。

4. 定位3：助力社会公平的重要调节机制

2007年3月16日，温家宝总理在十届人大五次会议记者招待会上指出，中国"要实现两大任务，这两大任务就是集中发展社会生产力和推进社会的公平与正义，特别是让正义成为社会主义制度的首要价值"。医疗公平是社会公平的重要内涵，作为防止职工因病致贫、因病返贫的第二道防线，云南省职工医疗互助活动显然成为助力社会公平的重要调节机制。

5. 基金保值与增值的机制设计与资金来源

按照《云南省职工医疗互助活动实施办法》的规定，互助金主要来源有：职工交纳的互助金；政府、行政和工会的补助；政府安排的风险准备金；社会各界捐赠、赞助；其他收入。目前，以职工交纳的互助金为主，除了云南省政府安排了1000万元的风险准备金，尚无其他收入。基金全部存入银行，目前尚不允许进行其他方向的投资，以规避投资风险。因此，目前互助金的风险控制机制主要在于进行保险精算，防止出现崩盘。医疗互助中心聘请了云南财经大学长期进行医疗互助金精算、精算水平很高，根据医疗保健价格指数的上涨，进行动态测算，保证互助金管理的科学测算。

云南省职工医疗互助活动具有很强的社会公益性，因此，从长期来看，应积极寻求其他资金来源，包括政府部门的转移支付、社会捐赠等。例如其中社会捐赠部分可在互助活动中专门开辟针对特殊困难职工的医疗服务活动。此外，云南地处民族地区，可积极与国家民委等部门合作，开展对少数民族职工的医疗服务活动，以此扩展医疗互助活动的资金盘子，扩大医疗互助活动的运行能力，从而更好地为职工服务。

2011年，职工医疗互助活动缴费标准提高到70元之后，互助金的资金盘子将突破2亿元人民币，并且今后将随参加活动人数的增加而扩大。互助金全部存入银行，有利于保障资金的安全，最大程度地降低风险，但却不利于基金的保值与增值。而基金的保值增值机制，是现代各种基金会管理制度的必要组成部分，因此，云南省职工医疗互助活动在管理经验成熟的基础上，应积极探索包括基金托管、信托等现代金融手段谋求建立有效的保值增值机制。

参考文献

［1］段世江，石春玲．"能力贫困"与农村反贫困的视角选择．中国人口科学，2005 年增刊

［2］高伟．象图乡农村社区发展基金调研报告．经济研究参考，2007（63）

［3］何广文．农村社区发展基金的运作机制及其绩效诠释．经济与管理研究，2007（1）

［4］胡鞍钢，胡琳琳，常志霄．中国经济增长与减少贫困．清华大学学报，2006（5）

［5］赖景生．新时期西部农村贫困特征与反贫困对策．重庆工商大学学报，2008（3）

［6］李昌平．石门坎的社区发展基金．银行家，2005（9）

［7］李玲．新中国前 30 年留下的遗产是中国经济奇迹的重要原因．第一财经日报，2009 年 9 月 28 日

［8］李周．中国反贫困与可持续发展．北京：科学出版社，2007

［9］林毅夫．制度、技术与中国农业发展．上海：格致出版社，2008

［10］罗斯托．经济成长的阶段．北京：商务印书馆，1962

［11］濮宜平．社区基金：新农村建设的有效载体．老区建设，2007（4）

［12］世界银行．从贫困地区到贫困人群：中国扶贫议程的演进，2009 年 3 月

［13］滕昊，何广文．社区发展基金与农村信用社联结机制研究．农业经济问题，2009（4）

［14］汪三贵．在发展中战胜贫困——对中国 30 年大规模减贫经验的总结与评价．管理世界，2008（11）

［15］王萍萍，闫芳．农村贫困的影响面、持续性和返贫情况．调研世界，2010（3）

［16］土曙光．论新型农民合作组织与农村经济转型．北京大学学报，2010（3）

［17］王曙光．农村金融与新农村建设．北京：华夏出版社，2006

［18］王曙光．社会参与、农村合作医疗与反贫困．北京：人民出版社，2008

［19］王曙光．守望田野：农村金融调研报告．北京：中国发展出版社，2010

［20］王曙光．乡土重建——农村金融与农民合作．北京：中国发展出版社，2009

［21］王曙光．小额信贷：来自孟加拉乡村银行的启示．中国金融，2007（4）

［22］吴国宝．中国小额信贷扶贫研究．http://ygdz.ahpc.gov.cn/ygdznews/news/20040712103915.pdf，2001 年 9 月 15 日

［23］爱德华·S·肖著，王巍等译．经济发展中的金融深化．北京：中国社会科学出版社，1989

［24］程玲，向德平．社区发展基金的变迁、管理及绩效分析——以云南省剑川县、禄劝县社区发展基金为例．华中师范大学学报，2010 第 49 卷（5）

[25] 李石新．中国经济发展对农村贫困的影响研究．北京：中国经济出版社，2010

[26] 罗纳德·I·麦金农著，卢骢译．经济发展中的货币与资本．上海：上海人民出版社，1988

[27] 饶小龙，唐丽霞．我国农村社区发展基金的现状及问题研究．农村经济，2008（4）

[28] 世界银行．2000/2001 年世界发展报告：与贫困作斗争．北京：中国财政经济出版社，2001

[29] 王曙光，乔郁等．农村金融学．北京：北京大学出版社，2008

[30] 王曙光．金融发展理论．北京：中国发展出版社，2010

[31] 白莲．中国农业银行 A＋H 股成功上市．中国城乡金融报，2010 年 7 月 19 日

[32] 王曙光．论农行改革发展的十大关系．中国经济，2010（6）

[33] 王曙光．农村金融学．北京：北京大学出版社，2008

[34] 王曙光，王东宾．在欠发达农村建立大型金融机构和微型机构对接机制．农村金融研究，2010（12）

[35] 王曙光．解析农业保险与农业信贷之缘．中国农村金融，2010（9）

[36] 王曙光．农村金融改革与地方政府创新：宁夏模式．重庆社会科学，2009（5）

[37] 项俊波．国际大型涉农金融机构成功之路．北京：中国金融出版社，2010

[38] 于海．中外农业金融制度比较研究．北京：中国金融出版社，2003

[39] 中国农业银行三农政策与规划部课题组．大型商业银行与新型农村金融机构合作模式研究．农村金融研究，2010（3）

[40] 吴定富．积极推动发展"三农"保险．中国金融，2009（5）

[41] 杨大光，陈美宏．农村金融风险分担及补偿机制研究．经济学动态，2010（6）

[42] 王曙光，夏茂成．利率市场化条件下的差异化定价机制．中国农村金融，2011（24）

[43] 王曙光，王东宾．农民资金互助：运行机制、产业基础与政府作用．农村经营管理，2010（8）

[44] 冯同庆．工会学：当代中国工会理论．北京：中国劳动社会保障出版社，2010

[45] 理查德·B·弗里曼，詹姆斯·L·梅多夫著，陈耀波译．工会是做什么的？美国的经验．北京：北京大学出版社，2011

[46] 冯同庆．制度性危机规律与制度性合作特色．工会理论研究，2009

[47] 游正林．60 年来中国工会的三次大改革．社会学研究，2010（4）

[48] 王松江．社会转型过程中的中国工会．天津市工会管理干部学院学报，2005（3）

[49] 李杏果．工会参与服务型政府建设的理论逻辑．中国劳动关系学院学报，2010（4）

[50] 韩福国，骆小俊等．新型产业工人与中国工会："义务工会社会化"维权模式研究．上海：上海人民出版社，2008

[51] 王曙光等．社会参与、农村合作医疗与反贫困．北京：人民出版社，2008

[52] 雷克斯福特·E·桑特勒，史蒂芬·P·纽恩．卫生经济学——理论案例和产业研究．北京：北京医科大学出版社，2006

[53] 尼古拉斯·亨利．公共行政与公共事务（第 8 版）．北京：中国人民大学出版社，2001

［54］2006 年世界发展报告——公平与发展．北京：清华大学出版社，2007

［55］奥斯特罗姆．制度激励与可持续发展．上海：上海三联书店，2000

［56］邱鸿钟，袁杰．现代卫生经济学．北京：科学出版社，2005

［57］R. Nelson. "A Theory of the Low – level Equilibrium Trap in Under – developed Economies". The American Economic Review, Vol. 46 (1956), P894 – 908.

［58］Sen Amartya, Development as Freedom. New York: Knopf. 1999.

［59］T. W. Schultz, "Investing in Poor People: An Economist's View." *American Economic Review*, 1965 (40), pp. 510 – 520.

［60］Banerjee A. and A. F. Newman, 1993, "Occupational Choice and the Process of Development", Journal of Political Economy, 101 (2).

［61］Clarke G. , L. C. Xu and H. Zou, 2003, "Finance and Income Inequality: Test of alternative Theories", World Bank Policy Research Working Paper 2984.

［62］Dollar D. and A. Kraay, 2002, "Growth is Good for the Poor", Journal of Economic Growth, 7 (3).

［63］Galor O. and J. Zeira, 1993, "Income Distribution and Macroeconomics", Review of Economic Studies, 60 (1).

［64］Greenwood J. and B. Jovanovich, 1990, "Financial Development, Growth, and the Distribution of Income", Journal of Political Economy, 98 (5).

［65］Kraay A. , 2004, "When Is Growth Pro – Poor? Cross – Country Evidence", World Bank Policy Research Working Paper 3225.

［66］Lucas R. E. , 1988, "On the Mechanics of Economic Development", Journal of Monetary Economics, 22 (1).

［67］Maurer N. and S. Haber, 2007, "Related Lending and Economic Performance: Evidence from Mexico", Journal of Economic History, 67 (3).

［68］Moser G. and T. Ichida, 2001, "Economic Growth and Poverty Reduction in Sub – Saharan Africa", IMF Working Paper, 112.

［69］Romer P. 1986, "Increasing Return and Long – run Growth", Journal of Political Economy, 94 (5).

［70］Thorsten Beck, Asli Demirguc – kunt & Ross Levine (2004): Finance, Inequality, and Poverty: Cross – Country Evidence, NBER Working Paper Series, NO. 10979.

［71］Philippe Aghion & Patrick Bolton (1997): A Theory of Trickle – Down Growth and Development, Review of Economic Studies, Vol. 64, pp. 151 – 172.

［72］Kiminori Matsuyama (2000): Endogenous Inequality, Review of Economic Studies, Vol. 67, pp743 – 759.

[73] Jeremy Greenwood & Boyan Javanovic (1990): Financial Development, Growth and the Distribution of Income, Journal of Political Economy, Vol. 98, No. 5.

[74] Gibson Chigumira & Nicolas Masiyandima (2003): Did Financial Sector Reform Result in Increased Savings and Lending for the SMEs and the Poor?, IFLIP Research Paper 037.

[75] Philip Arestis & Asena Caner (2004): Financial Liberalization and Poverty: Channels of Influence, The Levy Economics Institute f Bard College Working Paper No. 411.

后记

　　2010～2011 年，我和我的研究团队进行了大量的田野调查，这些调查大多集中于西北及西南少数民族地区。2010 年 7 月，我与清华大学公共管理学院王东宾博士、北京大学经济学院硕士研究生胡维金赴西北地区调查。在甘肃临夏回族自治州广河县，我们考察了六个东乡族和回族村落，此地村民青壮者皆出外打工，有些村民远至西藏打工拾荒，较为贫困。在广河县三甲集乡宗家村清真寺与阿訇马全海交谈，听他诵读《古兰经》，并请教伊斯兰教义中对于信用和信贷的看法。对宗家村毛兴林老人家和毛奴海家的访谈，使我对当地的贫困状况及其原因有了更深的思考。毛兴林老人家有两个儿子因贩毒在狱服刑，一个儿媳因贩毒而被枪决，其后代的教育问题堪忧；毛奴海是一盲人，其妻子精神分裂，女儿还在上中学，其贫困景况令人同情。我们还走访了夏河县的藏族聚居区，正值夏河县农信联社九甲信用社王府分社开业，这个信用社位于拉卜楞寺边上，当日鞭炮齐鸣，锣鼓阵阵，我们感受到农村金融给当地带来的巨大活力，与农信社职员完么吉的交谈给我很大收获。我们还考察了甘肃定西的农业银行、伊兰纯牛业公司以及定西安定区香泉回族自治乡的史家庄、香泉村农户，看到当地的整体搬迁与异地安置给农民带来的巨大变化。在定西，我们考察了定西民富鑫荣小额信贷服务中心、广升中小企业信用担保公司；在天水和兰州，我们与当地的农业银行负责人交谈，受益匪浅。在甘肃的调查得到了天水市王博先生、甘肃省广河县庄禾集镇对康小学马永昌老师、甘肃省广河县广河中学政教处马忠林老师、广河县回乡度假的大学生马成鸿和马忠明、广河县三甲集乡宗家村七社毛兴林先生和毛奴海先生、宗家村毛家上寺阿訇马全海先生、夏河县信用联社九甲信用社王府分社完么吉女士、中国农业银行定西分行行长负建华先生、中国农业银行定西分行办公室主任冯建平先生、定西民富鑫荣小额信贷服务中心杨发荣总经理、定西伊兰纯牛业有限公司肖斌先生、定西市广升中小企业信用担保公司杨西慧董事长、农业银行甘肃省天水支行魏云峰行长、农业银行甘肃分行三农金融分部管理委员会办公室农户金融部周占斌先生和丁晓鹤女士的大力协助，谨致谢意。

　　2010 年 7 月，我与王东宾博士、胡维金、中国社会科学院农村发展研究所李冰冰等到云南考察，沿途考察了昆明、丽江、大理白族自治州鹤庆县。在鹤庆县，我们考察了当地的农信社，与辛屯镇新登村村委会成员和鹤庆县扶贫办的领导进行了座谈，考察了以银器加工而闻名的村落新华村。在洱源县，我们考察了茈碧湖边的优美村落梨园村，并进行了入户问卷调查。苍山洱海之间的调查，使我对西南民族地区的小额信贷发展、农信社创新、农村社区发展基金运作等有了全新的认识。鹤庆县扶贫办杨逢春主任、段金林和杨锡虹副主任，大理鹤庆县农村信用合作联社郝荣华理事长、余汝生主任，辛屯镇新登村村委会洪金木先生，辛屯镇政府田玉贵先生，鹤庆三中杨国鉴校长，鹤庆团委书记寸光彦女士，大理州鹤庆县云鹤农村信用社周鹏正主任、施庆培副主任、高树荣信贷员，鹤庆县草海镇新华南邑村寸文辉先生、寸光伟先生、李勇先生、寸立刚先生，云南省职工医疗互助中心余庆湘女士和赵定先生等，给我的云南之行提供了周到的照顾和接待，并提供了大量信息。在云南的考察还得到了胡国衡先生和李春先生父子的特殊照料，谨致谢意。

　　2010 年 8 月，我与王东宾博士和李冰冰借着到黄山参加安徽财经大学主办的"中国农村金融论坛"的机会，对安徽南部的农村金融情况进行了调查。我们参观了徽州的古村落，在旌德县白地镇江村作了入户调查，与当地农信社、农委、农业龙头企业的负责人进行了广泛的交谈。在调研期间，安徽财经大学金融学院潘淑娟院长、安徽省旌德县常务副县长李光明先生、旌德县县委办汤文玉副主任、旌德县农村信用联社理陈育生事长、旌德县农村信用联社主胡有才任、旌德县农村信用联社王玉琴监事长、旌德县农村信用联社白地信用社宋小勇主任、旌德县农村信用联社白地信用社信贷员强昌峰、旌德县白地镇江村村委会主任王胜勇、黄山市保利鑫小额贷款公司总经理汪黎鸣先生、程伟东先生、旌德县农业委员会主任方卫平、旌德县云乐乡黄山云乐灵芝有限公司张林湄女士、黄山力拓投资公司董事长黄一军先生均给予大量的协助，衷心地感谢他们。除了安徽农信社考察之外，2011年7月我到山东青岛为全省的230名各县市农信社联社的理事长授课，期间考察了多个农信社，与山东省联社宋文瑄理事长、战略部陈卫东部长等的深入交流，加深了我对农信社现状的理解。

2010年9月，我到广西壮族自治区考察。在广西壮族自治区农村信用社联合社李冬泳女士的周到安排下，我考察了田东县、田阳县、巴马瑶族自治县。田东县以壮族和瑶族为主，我在田东县参观了县金融办主办的农村金融创新成果展览，后到祥周镇中平村和作登瑶族自治乡陇穷村调查，并参观邓小平右江起义纪念馆。陇穷村有高山瑶族几十户人家，均住在山中，当地政府为其在山坡上构筑住宅。在田阳，我瞻仰了壮族发祥地敢壮山，参观了田阳县的现代农业观光园，考察了农业龙头企业福民食品公司，对当地信用社扶持龙头企业的做法有了直观的认识。在巴马瑶族自治县的巴盘村，我访问了当地的105岁老人黄妈干以及其他农户，与巴马瑶族自治县农信社的负责人座谈，了解到当地农信社迅猛发展的态势。我还考察了巴马县甲篆乡的赐福村和坡类屯，这个村子是温家宝总理2010年春节访问过的村子，我在这里访问了农户，询问了他们的信贷情况。

2010 年 12 月，我应云南职工医疗互助中心余庆湘女士的邀请，与王东宾博士赴云南考察职工合作医疗保险的运作情况。我们考察了临沧翔临区的机械厂，与当地职工、退休工人、工会领导座谈；在位于中缅边境的沧源佤族自治县考察，与当地企业职工座谈；考察耿马傣族佤族自治县、楚雄彝族自治州南华县，在南华吕合煤矿与工人座谈。此间，远在临沧云县涌宝镇中学支教的曾江同学也从云县赶来相聚，并一同调研。曾江在北京大学经济学院获得经济学学士和硕士学位，硕士毕业后选择到滇南深山小镇支教，其奉献精神诚可嘉许。云南相聚，令人欣喜，互有长诗唱和。在云南期间，赵定先生、余庆湘女士、云南高院田成有院长、楚雄企业家永志强先生等均给了我很多照顾，特此致谢。

2011 年 8 月，在中国农业银行的精心安排和协助下，我和高连水博士、李冰冰、曾江等四人做"丝绸之路"农村金融考察，此次考察跨甘肃与新疆两个省区，广泛考察了兰州、张掖、肃南裕固族自治县、临泽县、酒泉、敦煌、新疆乌鲁木齐、吐鲁番、鄯善县、石河子等地的农业银行、农业龙头企业、农民专业合作社、地方政府，收获甚大。我在《丝路行记二十首·序》中说："此番旅程，十余日间，自京都始，经兰州，入青海，访甘州、敦煌，越祁连，登天山，盘桓于河西走廊，驰骋于西域之地，单程纵横八千余公里，沿途所见风物人情，皆深触我心，颇有'八千里路云和月'之叹。此乃还愿之旅，怀旧之旅，感恩之旅，信仰之旅，朝圣之旅也。"此次丝绸之旅，是在中国农业银行朱洪波副行长、战略规划部胡新智部长、田学思部长的精心安排和大力支持下完成的，谨对他们致以特别的感谢之忱。在丝绸之旅的考察过程中，中国农业银行甘肃分行韩国强副行长、甘肃分行农村产业金融部陈甲生总经理、甘肃分行农村产业金融部张国杰科长、甘肃张掖分行徐杨春行长、王增智副行长、侯生玺经理、张掖分行农村产业金融部李薇经理、徐建伟先生、张掖甘州支行范学强副行长、肃南裕固族自治县支行李玉民行长、客户经理于长秀、营业柜员王小丽、张掖临泽县支行李建锋行长、客户经理杨主岗先生、临泽银先葡萄专业合作社张林忠先生、酒泉分行农户金融部于斌经理、敦煌支行闫福麟行长、新疆吐鲁番分行张玉良行长、魏斌副行长、新疆分行农村产业金融部任茂谷副总经理、新疆吐鲁番艾丁湖乡巴拉提乡长、杨孟先生、新疆鄯善县支行居来提·司马义副行长、办公室主任优努斯·阿布提先生等都对我们的行程提供了周到的照顾，并提供了大量的珍贵资料，我要衷心感谢他们的帮助，同时他们在农村金融方面的实践也给我很大启发。甘肃新疆之行期间，甘肃全程由张国杰先生陪同，张掖全程由侯生玺和徐建伟先生陪同，敦煌全程由于斌先生陪同，新疆全程由任茂谷先生陪同，吐鲁番全程由魏斌先生陪同，我要对他们致以特别的谢意。在考察期间，我还专程拜见了我在18年前访莫高窟时认识的敦煌研究院院长樊锦诗老师，时隔多年再次聆听老师教诲，内心非常激动，我要向一生守望敦煌的樊锦诗老师致以最崇高的敬意。

在2010～2011年间，我在王东宾博士和李冰冰的协助下，组织了两次大规模的田野调查，其中2010年的调查主题为农民资金互助，2011年的调查主题是农村公共品供求。参加2010田野调查的同学有蔡雨、麦晓苋、徐厚泽、刘培申、周卓林、刘昕、夏飞燕、李迪、马晨薇、陈优、邹欣、张美钟、金龙杰、陈睿、刘琰、刘佳钰、刘颖、杜嘉美、杨亦然、茅昱寒、岳自强（Zachary B. Yerushalmi）、莫雨璐、申少丽、文令懿、何畅、张自瑾、孙玥、肖慧娟、张弛、王敬一、袁圆、牛雪等。参加2011田野调查的同学有：郭兴、何平宇、戴革、薛中一、陈刚、何晨、牛雪、孙晨阳、郭凤林、高胤、吴靖滔、张妙妙、隋海梅、刘浩、张丽丽、郑梅、李何鹏、胡佳娟、庄须超、闫欣、孙晨晓、钱进、刘高嘉宝、周晔馨博士等。衷心感谢他们为协助我的调查而付出的智慧、艰辛和努力，我相信他们从农村和土地整个最好的课堂中也获得了最好的教益，这些教益远比课堂上的收获更加鲜活、更加生动、更加深刻。值得特别提出的是，黄刚学长和埃森哲（中国）有限公司资助了 2010 年的田野调查，北京大学经济学院黄桂田教授和陈东学长对我的田野调查也给予了多方面的支持，谨致衷心感谢。

在本书写作和思考过程中，王东宾博士、高连水博士、慈锋、李冰冰、胡维金、夏茂成、朱亦军等，均给予了大力的协助，与他们的合作和交流拓宽了我的视野，他们是我研究农村金融过程中不可多得的忠诚伙伴。中国发展出版社尚元经兄长和李莉大姐为出版我的农村金融系列而操劳，谨向他们致以真诚的谢意。

今年正值北京大学经济学院（系）成立 100 周年。北京大学的前身京师大学堂首任西学总教习、美国人丁韪良首先讲授西方经济学，当时的课程名字是《富国策》，并于 1880 年翻译出版了亨利·福赛特同名著作，这是中国出版的第一本西方经济学著作。1901 年，严复翻译了亚当·斯密《国富论》，标志着中国正式引入现代西方经济学的开端。1902 年，北京大学的前身京师大学堂建立商（学）科，一些应用经济学课程开始进入中国最高学府。1903 年，日本人杉荣三郎被聘为京师大学堂的经济学教习，编写了《经济学讲义》，它是现在我们所见的中国第一本以"经济学"命名的教材。1912 年，严复任北京大学第一任校长后，北京大学正式建立经济学门（系），这是中国大学最早的经济系。1931 年，北大经济学系陈启修教授翻译的《资本论》第一卷第一册，在上海昆仑书店出版，这是我国最早的《资本论》译本，而此前李大钊也在北大经济学系讲授马克思主义经济学，这些都标志着马克思主义经济学在中国的早期传播。到了 20 世纪 50 年代，苏联专家古马青珂到北京大学经济学系任教，任政治经济学教授，同时兼任马寅初校长的顾问。也就是从这个时候开始，北京大学成为我国马克思主义政治经济学的主要研究基地之一。北大经济学门（系）创建以来的 100 年间，北大经济学科的演变与中国的命运和时代思潮紧密联系在一起，北大经济系也就理所当然成为中国百年求索和梦想的不可分割的一部分。

谨以此书献给北京大学经济学院（系）一百周年。

王曙光

2012 年 1 月 23 日壬辰年正月初一

于北京大学中关园